"浙江大学文科精品力作出版资助计划"资助

战略外包与供应商管理

姜玟求　王小珍　著

STRATEGIC OUTSOURCING AND SUPPLIER MANAGEMENT

ZHEJIANG UNIVERSITY PRESS
浙江大学出版社
·杭州·

图书在版编目（CIP）数据

战略外包与供应商管理 / 姜玟求，王小珍著.
杭州：浙江大学出版社，2025. 7. -- ISBN 978-7-308
-26488-4

Ⅰ. F273.1；F274

中国国家版本馆 CIP 数据核字第 202531DS06 号

战略外包与供应商管理
姜玟求　王小珍　著

责任编辑　曲　静
责任校对　朱梦琳
封面设计　雷建军
出版发行　浙江大学出版社
　　　　　（杭州市天目山路 148 号　邮政编码 310007）
　　　　　（网址：http://www.zjupress.com）
排　　版　杭州晨特广告有限公司
印　　刷　杭州钱江彩色印务有限公司
开　　本　710mm×1000mm　1/16
印　　张　15.25
字　　数　239 千
版 印 次　2025 年 7 月第 1 版　2025 年 7 月第 1 次印刷
书　　号　ISBN 978-7-308-26488-4
定　　价　68.00 元

目　录 CONTENTS

1 绪 论

1.1 外包研究的背景

19—20世纪，由于企业内部的管理成本低于外部交易成本，企业倾向于把资源放在内部，从而使其规模和经营范围不断扩大。但是从20世纪80年代开始，随着信息技术、物流、通信的发展和业务的标准化，相对于企业内部管理成本，外部市场的交易成本不断下降。与此同时，外包成为企业获取竞争优势的重要工具。随着外包在全球范围内的迅速崛起，外包受到了理论界和企业界的普遍重视。降低成本是传统外包的主要动机（Weigelt，2009；Chen and Li，2008；吴晓波等，2007；Kremic et al.，2006；Gottfredson et al.，2005；Leiblein et al.，2002；Das and Teng，1999），但是1990年之后，企业不仅为了降低成本，还为了建设核心能力和接近市场而战略性地采取外包（Patrucco et al.，2021；Liu et al.，2010；Bengtsson et al.，2009；Weigelt，2009；Chen and Li，2008；Leiblein et al.，2002）。外包的作用已远远超出获取外部低成本资源的范畴，外包成为获取知识和能力的重要途径。传统的外包强调把企业的非核心业务转移给外部专业化的供应商，但如今外包的范围不仅限于非核心业务，还包括市场营销、服务、设计、研发等过去企业认为属于核心业务的领域和获取高价值的关键环节（蒋士成等，2020；刘克宁、宋华明，2014；Chen and Li，2008）。随着技术的快速发展和全球竞争形势的日益严峻，一种新产品的开发会涉及不同的高技术领域，客户需求也日益复杂，产品的研发已很难由一家企业独立完成（Deng et al., 2021; Li et al., 2017; Liu et al., 2010; Yan and Gray, 1994）。企业通过研发外包可以从外部专业化的供应商处获取互补的技术，缩短产品开发周期，降低开发费用，避免技术开发的风险。因此，在企业研发活动中，外包已经成为获取外部战略性资源和提高研发效率的重要工具。

过去外包的主要研究领域是外包动因、外包过程、外包结果、外包的优点和风险等（舒燕、张开翼，2020; Chen and Li, 2008; Leiblein et al., 2002）。大量外包和绩效之间的研究带来了纷繁芜杂的研究结果。外包是多方面的概念，因此不同动机的结合会产生混乱的结果（Chen and Li, 2008; Littler and Leverick, 1995; Yan and Gray, 1994）。例如，Weigelt（2009）主张若企业在开发新技术的过程中过分地采用外包，会导致企业的整合能力和绩效下降。但他在实证研究里提出的新技术是面向最终客户和提高网络银行业务过程的技术，所以他的实证结果不能应用到所有新技术的外包上。Leiblein等（2002）主张个别外包的绩效也会取决于个别交易和契约环境的特点。他们的实证研究结果表明垂直整合和外包之间的选择对技术绩效没有直接显著的影响。他们发现不同企业之间不同的绩效来自在垂直整合和外包选择上潜在的其他影响因素。外包的选择与绩效之间的关系取决于交易和环境的特点，如企业的供应商管理能力、吸收能力、企业的核心能力、产品的复杂性、技术和市场的不确定性等很多企业内外因素。企业内外因素的差异会导致外包选择和绩效之间呈现出正相关、负相关、倒U形或不显著关系。在外包与绩效之间的直接影响关系上，现有的文献并没有形成一致的观点，通过这样简单的思路也难以完整地表达外包业务的复杂现实情况。因此，本书将供应商管理理论纳入外包研究中，以期更深层次地理解外包战略执行的过程。例如，关于不同的外包战略意图和它的影响之间的关系的研究不多，而且关于不同的外包战略和组织控制之间的关系的研究也极少。在战略领域里组织控制的理论主要应用在战略联盟（Ning and Zwikael, 2024; Chen and Li, 2008; Lau and Zhang, 2006; Yan and Gray, 1994）、国际合资企业

(Tetteh et al., 2023；Chen et al., 2009；Jaussaud and Schaaper, 2006；Lau and Zhang, 2006；Davies et al., 1995)、母公司对子公司的影响（Yeh, 2021；Kotabe et al., 2008；Gottfredson et al., 2005）等领域里。因此，本书更多关注以组织控制为核心的外包战略成功执行与否的问题，即企业的外包战略、组织控制和外包绩效之间的关系。

企业在竞争激烈的环境下为了提高竞争优势越来越重视外包，利用外包战略来削减成本和提升绩效的管理措施变得非常普遍。企业为了在严峻的市场竞争环境和成本压力下生存发展，必须提升资源配置的效率，以赢得企业竞争优势。在这种形势下，由于外包能够带来削减成本和提升效率的收益，越来越多的企业认为外包是帮助企业降低成本和保持盈利能力的重要因素。在激烈的竞争环境中，虽然企业为了生存发展而积极地开展外包业务，但不一定所有的外包业务都能带来预期的结果。因此，企业在采用外包业务的同时，应重点考虑怎样减少潜在失败的可能性并提升外包的绩效。企业不应仅关注外包带来的收益，还应关注如何有效管理外包供应商并确保外包业务的成功，以及如何通过外包创造企业的竞争优势。

1.2　本书的思路和内容

外包的优点是降低成本、将精力和资源集中于核心战略或业务、实施柔性战略等，而外包的缺点是机会主义行为、竞争力的丧失、学习和创新的有限性、协调费用的增加、业务之间接合的难度等。因此，企业通过合适的组织控制、谈判、冲突管理等供应商管理措施，能够减少外包的风险并确保外包的益处，是提高外包绩效的关键。综上所述，本书主要专注制造企业采用的外包战略模式和相应的供应商管理方法，具体内容包括以下几点。

（1）企业采用的外包战略模式

现有的外包研究对外包战略按照各自不同的方式进行了归纳。因此，为了有效地研究外包战略对于组织控制的作用，需要重新从整体上分析企业外包战略的模式。本书将在相关文献的基础上，确定企业外包战略的分类，并详细解释外包战略各自的动机和特征。

（2）外包战略与组织控制之间的关系

近年来，外包已经成为企业获取竞争优势的重要战略工具之一。越来越多的研究也重视外包的战略性考量，但并不是所有的外包都能保障企业外包的战略收益。不同的外包战略，因其不同的特征、动机和风险，需要不同的组织控制方案，以有效地控制风险和达到预期外包目标。因此，本书将通过深层次的理论研究、案例研究和实证检验，分析外包战略对于组织控制的作用机制。

（3）以组织控制为核心的外包战略成功执行的情景研究

外包战略和外包绩效之间的关系是一种复杂的关系，很容易使外包相关研究呈现出不一致的研究结果。因此，本书构建了以组织控制为核心的外包战略成功执行的研究模型。研究模型中涉及的变量包括外包战略、组织控制、能力信任、关联知识以及外包绩效。本书将通过案例研究和大量数据检验，探明企业在不同的外包战略下选择什么样的组织控制最为有效，并讨论企业应该如何协调外包战略和组织控制之间的关系以提高外包绩效。

（4）供应商治理机制对外包任务冲突的影响研究

本书的研究考虑了管理外包任务冲突的两种特定类型的治理机制：正式控制和中国关系。从治理的角度来看，正式契约和非正式关系机制对于减少合作伙伴的机会主义行为和促进组织间的交流都是至关重要的。因此，本书旨在检验正式控制和中国关系在管理外包任务冲突中的互补作用。此外，我们将研究不同类型的外包如何通过不同的治理机制实现有效外包实践。

（5）基于采购矩阵的外包谈判管理

Kraljic（1983）提出的采购矩阵是管理复杂供应商的有效框架，表明买家会根据权力和依赖关系制定策略以有效管理供应商。然而，目前尚不清楚如何将采购矩阵管理转化到买家的实际谈判情境中。本书探讨采购专业人员如何在采购矩阵框架的不同情景中应用合适的外包谈判模式。

（6）供应商发展对外包绩效的影响机制

供应商发展是在供应商管理的方案中更积极的策略，也受到了很多研究的关注。外包除了可以给企业带来诸多好处，还伴随着机会主义风险，这可能会导致外包活动无法达到企业的预期，甚至给企业带来损失。此外，不确定性和变化的动态商业环境要求外包安排具有灵活性，以应对突发情况。因此，外包机会主义风险和外包灵活性是外包公司在采用外包战略时需要关注的两个关键因素。因此，本书探讨供应商发展在降低外包机会主义风险和提高外包灵活性以实现预期外包绩效方面的重要作用。

（7）研发外包对新产品开发效率的影响机制

新产品开发是企业维持其可持续竞争优势的主要驱动力，而产品模块化是提升企业新产品开发和生产效率的重要方式。研发外包的目的之一是获取和利用外包企业的优势研发能力，以增强企业自身在研发成本和新产品开发速度方面的创新能力。虽然研发外包需要付出协调成本，但其在维持企业研发能力和提升新产品开发效率方面起重要作用。同时，产品模块化的可分解性使企业不得不面临合作伙伴的机会主义行为风险，对外包伙伴的能力信任也会影响研发外包实践中产品模块化对新产品开发效率的作用。因此，本书探讨研发外包实践在将产品模块化转化为新产品开发效率方面的中介作用，以及能力信任的调节效应。

2 外包研究的理论综述

2.1 外包定义

  根据 Embleton 和 Wright（1998）的观点，外包指的是为了节省成本而从外部市场的专业化供应商获得部分产品和服务。Lonsdale（1999）将外包定义为"内部的功能转移给第三方"。目前较为公认的外包定义是指将企业内部的功能通过合同或契约的方式委托给外部的供应商完成，即将某一资源和功能交由独立的第三方完成，以实现降低成本和提高效率的目的。外包已成为帮助公司降低成本和获取盈利能力的重要因素。Gilley 和 Rasheed（2000）主张，内部功能的向外转移和内部资源的缺乏，都可以引起外包。所以，他们将外包的定义扩展到基于代替的外包和基于缺乏的外包。前者主要以降低成本、提高效率为目的。这是目前最为普遍的外包动机。后者则着眼于利用外部供应商的专业知识和能力，以提高企业自身的价值和创新能力。本书采用 Gilley 和 Rasheed（2000）所主张的外包定义。外包初期主要为了节省成本，将非核心功能转移给第三方供应商，目前则为了获取价值和能力而被广泛采用。随着企业竭尽全力获取持续的核心竞争力和追求效率的最大化，外包逐渐成为降低成本及创造价值的一项战略。在内部资源有限的情况下，企业为获取竞争优势，内部会仅保留具有竞争力的功能，而把不具备竞争力的功能外包给第三方公司，以利用外部最具竞争力的资源。内外部资源的有效整合，能给企业带来协同效应，使企业最大限度地获得资源效率和竞争优势。

外包可以进一步细化为在岸内包（国内内包）、在岸外包（国内外包）、离岸内包（国外内包）和离岸外包（国外外包）。在25篇研究离岸外包的论文中，King 和 Torkzadeh（2008）提出离岸外包（offshore outsourcing）是指"跨国的外包"（inter-country outsourcing），即将公司的一些业务交给其他国家的企业来做。所谓离岸内包（offshore insourcing）是指将公司的一些业务委托给设在其他国家的子公司来完成。随着经济全球化、生产国际化和网络技术的广泛应用，离岸外包和离岸内包迅猛发展，企业逐渐将外包视为获取竞争优势和接近市场的重要战略（Charles and Ochieng，2023；于慈江，2007；Olsen，2006；Ernst，1997）。所谓在岸内包（onshore insourcing）是指将公司的部分业务交由公司内部或其他子公司来完成。所谓在岸外包（onshore outsourcing）是指将公司的部分业务委托给同一个国家的第三方企业来完成。根据学者对外包的定义（King and Torkzadeh，2008；Olsen，2006），图 2.1 显示了外包的不同类型。

	国内	跨国
企业间	在岸外包	离岸外包
企业内	在岸内包	离岸内包

图 2.1　内包、外包与离岸概念矩阵

资料来源：Olsen（2006）。

本书在设定的框架中，主要讨论在华经营的外资公司和中国企业的在华外包业务，而不是"跨国的外包"。严格地说本书并不涉及离岸外包，只涉及在华经营企业的在岸外包行为。

2.2 外包的效益和风险

企业价值链中的某一环节不具备竞争优势，就可以将该环节的业务外包给更具有竞争优势的第三方企业，这样的外包措施会为企业创造价值和收益。外包的诸多效益包括降低成本、将精力和资源集中于核心战略或业务、改善财务报表、减少资产、提高速度、利用市场的互补资源、分散风险、提高品质和服务、实施柔性战略（Charles and Ochieng, 2023；Hansen et al., 2008；Kremic et al., 2006；Harland et al., 2005）。提高企业对市场需求快速应对的柔性也是重要的外包收益之一（Harland et al., 2005）。这些外包收益主要来自供应商的规模经济。规模经济是在专业化分工的基础上出现的，企业间的专业化分工会提高生产率（王发银，2007），并推动企业采用外包。当一项业务或功能在企业内部实施所消耗的费用大于市场的交易费用时，外包就成为有效益的选择，企业把这些业务外包给不同的专业公司来完成，进而提高效率、品质水平、交货速度以及客户的满意度。外包效益的内容，如表2.1所示。

表2.1　外包效益

外包效益	文献
降低成本	Afum et al., 2021；Bengtsson et al., 2009；Kotabe et al., 2008；Maskell et al., 2007；Paju, 2007；Harland et al., 2005；Das and Teng, 1999；John, 1998；Davies et al., 1995
将精力和资源集中于核心战略或业务	Viswanathan et al., 2021；Bustinza et al., 2010；Kotabe et al., 2008；Tony Ching-Tung Chan, 2007；Paju, 2007；Kremic et al., 2006；Gottfredson et al., 2005；Harland et al., 2005；Davies et al., 1995
改善财务报表	Buckley et al., 2022；Harland et al., 2005；Das and Teng, 1999
减少资产	Shivendu et al., 2020；Kotabe et al., 2008；Kremic et al., 2006；Quinn and Hillmer, 1995
提高速度	Mageto et al., 2020；Dekker et al., 2020；Kremic et al., 2006；Harland et al., 2005；Das and Teng, 1999

续　表

外包效益	文献
利用市场的互补资源	Bengtsson et al., 2009; Kotabe et al., 2008; Maskell et al., 2007; Mukherjee and Ray, 2007; Paju, 2007; Kremic et al., 2006; Harland et al., 2005; Linder et al., 2003; Das and Teng, 1999
分散风险	Sen et al., 2020; Paju, 2007; 郑克俊, 2002
提高品质或服务	Dingjun et al., 2023; Harland et al., 2005; Das and Teng, 1999; Davies et al., 1995
实施柔性战略	Charles and Ochieng, 2023; Choi et al., 2021; Scherrer-Rathje et al., 2014; Kotabe et al., 2008; Paju, 2007; Kremic et al., 2006; Atuahene Gima and Li, 2006; Harland et al., 2005; Quinn and Hillmer, 1995

　　虽然外包的潜在收益很多，但外包在价值链优化过程中具有极大的不确定性，协调组织间外包业务也是一个复杂的过程（Fan et al., 2022; Williamson, 1979a）。因此，外包不可避免地存在着一定的风险，比如内部业务分裂、丧失竞争力源泉、机会主义行为、供应商失控、品质劣化、降低柔性、竞争对手形成、交易和协调费用增加、内部学习和创新机会减少、国际汇率波动引起的采购成本上升（Fan et al., 2022; Kotabe et al., 2008; Kremic et al., 2006; Harland et al., 2005; Sahay, 2003; Young, 2003; Lonsdale, 1999; Quinn and Hillmer, 1995; Williamson, 1979a; Hopwood, 1972）。若企业采用离岸外包，其面临的困难和挑战往往来自政治、文化、货币等方面，其中包括无法预估的汇率变化（Kotabe and Murray, 2004）。国际供应链一旦中断，可能需要加快航运、提高库存、降低需求，从而招致意想不到的高成本（Um and Han, 2021; Levy, 1995）。因此，外包并不一定能保证企业一直获得成功或利益，反而往往由于风险因素产生令人失望的结果。确保有效外包和长期成功运营的关键是要控制和减少外包风险因素，同时实现利润最大化（Handfield et al., 2020; Kang et al., 2009）。根据 Das 和 Teng（1998b）的研究，

组织间合作伙伴相关的风险因素可以分为关系风险和绩效风险。关系风险是指"没有产生令人满意的合作的可能性及后果",这涉及合作伙伴的机会主义行为(Das and Teng,2001c),而绩效风险是指"无法实现业绩目标的危害",这是由能力不足和业务环境发生变化而引起的(Das and Teng,1996)。无法控制这些风险因素是外包行为的主要失败原因之一(Kotabe et al.,2008;Paju,2007;Kremic et al.,2006;Lau and Zhang,2006;刘学等,2006;Harland et al.,2005;王莉苹、杨寿保,2004;DiRomualdo and Gurbaxani,1998;Quinn and Hillmer,1995)。因此,成功的外包需要采用有效的控制措施,以降低整体外包风险,实现外包利益最大化(Kang et al.,2009)。

若企业错误地识别内部的核心业务和非核心业务并采用外包,则会失去其竞争优势(Harland et al.,2005)。企业一旦失去核心竞争力,就很难再建立竞争优势。因此,外包的失败会给企业带来不可挽回的后果。外包风险的内容,如表2.2所示。

表2.2 外包风险

外包风险	文献
内部业务分裂	Kotabe et al.,2008;Marjit and Mukherjee,2008;Hopwood,1972
丧失竞争力源泉	Charles and Ochieng,2023;Harmancioglu,2009;Kotabe et al.,2008;Paju,2007;Kremic et al.,2006;Luo,2001;Davies et al.,1995;Quinn and Hillmer,1995;Williamson,1979a;Hopwood,1972
知识泄露	Feng et al.,2020;Harmancioglu,2009;Paju,2007;Amy Jocelyn,2004;Kim,1984;Williamson,1979a;Hopwood,1972
机会主义行为	Skowronski et al.,2020;Harmancioglu,2009;Kotabe et al.,2008
供应商失控	Dana et al.,2021;Kotabe et al.,2008;Paju,2007;Kremic et al.,2006;Lau and Zhang,2006;刘学等,2006;Harland et al.,2005;王莉苹、杨寿保,2004;DiRomualdo and Gurbaxani,1998;Quinn and Hillmer,1995

外包风险	文献
品质劣化	Gao et al., 2020；Kenyon et al., 2016；Kremic et al., 2006；刘学等, 2006；王莉苹、杨寿保, 2004；Lui and Ngo, 2004a；Luo, 2001；Quinn and Hillmer, 1995；Kim, 1984；Hopwood, 1972
降低柔性	Um and Han, 2021；Weigelt and Sarkar, 2012；Kremic et al., 2006；王莉苹、杨寿保, 2004；Das and Teng, 1999；Hopwood, 1972
竞争对手形成	Feng et al., 2020；刘学等, 2006；Quinn, 1999；Lonsdale, 1999；Hopwood, 1972；Williamson, 1979a
交易和协调费用增加	Toms et al., 2020；Kotabe et al., 2008；Paju, 2007；Kremic et al., 2006；Harland et al., 2005；Bahli and Rivard, 2003；Sahay, 2003
内部学习和创新机会减少	Gupta, 2021；Broedner et al., 2009；Kotabe et al., 2008；Paju, 2007；Kremic et al., 2006；Harland et al., 2005
国际汇率波动引起的采购成本上升	Ogunranti et al., 2021；Kotabe et al., 2008；Lui and Ngo, 2004a；Quinn and Hillmer, 1995

　　若企业想通过外包措施来利用外部最优秀的专业资源，从而达到预期的目标，就需要正确地认识和有效地降低外包带来的风险。虽然越来越多的企业看到了外包所蕴含的巨大竞争潜力（Hoecht and Trott, 2006；Gottfredson et al., 2005），但是若企业对外包带来的风险没有做出有效的防范措施，则不能享受外包带来的收益。企业从长远角度出发，衡量各方面的利弊得失，都是为了获取外包策略的最大效益（Ogunranti et al., 2021；Busi and McIvor, 2008；Rothaermel et al., 2006）。因此，Kang、Wu和Hong（2009）强调战略外包管理的必要性。他们在论文中基于Kraljic（1983）的采购矩阵，将外包项目按照外包风险和外包收益两个维度进行分类，并以此确定了四种具体措施。图2.2所示为战略外包管理矩阵。

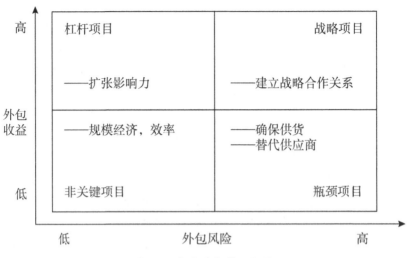

图 2.2　战略外包管理矩阵

资料来源：Kang et al.(2009)。

　　例如，外包项目属于杠杆项目和非关键项目的时候，企业在低外包风险环境下可以积极采用外包，还可以享受外包的收益。若外包项目属于战略项目，企业需要跟供应商建立战略性的密切合作关系，并以此保障长期的合作。当外包项目属于瓶颈项目时，企业在外包风险高和外包效益低的环境下需要采取确保持续供货的措施，同时准备替代供应商的措施，甚至需要考虑外包业务的终止并选择此业务的内部生产。企业采用外包的时候，首先要考虑企业的核心能力、外包的风险和收益，然后为了成功的外包需要采取相应的措施（Kang et al.,2009）。

2.3　外包研究的主要理论背景

　　Smith（1937）认为劳动分工是提高劳动生产率的有效手段。他认为劳动生产力的最大改进，以及技能、熟练程度和判断力的提高，似乎都是劳动分工的结果。Williamson（1975a）把 Smith（1937）的分工理论延伸到不同组织之间的分工。Williamson（1975a）继承了 Coase（1937）的思想，提出当企业内部生产所需的成本低于外部市场的成本时，交易应放在企业内部，即企业的交易活动会通过比较外部市场的管理费用和企业内部发生的费用之后，选择费用最低的方式。Williamson（1975b）在交易费用理论中提出了有关人类行为的两个因素，即有限理性和机会主义，这两个因素就是产生交易费用的重要原因。Williamson（1975b）把企业和市场看作组织经济活动的两种模式，这两种模式的选择是由节省交易成本的行为支配的。他解释了企业之间发生的交易合作关系的效率，并且指出在决定外包时应该同时考虑生产费用和交易费用。生产费用指的是以效率为基础的有关硬件、软件、人工的费用。交易费用指的是与外部的专业外包公司签订合同并执行合同时产生的费用，可以划分为协调费用和交易风险费用。其中协调费用包括探索成本、合同费用、因交易的非效率性引起的费用、沟通费用以及协作费用。分析交易费用时，重点应放在使总费用最小化的经营模式上。在市场采购中产生的生产费用和交易费用的合计如果低于自行生产时所产生的费用，企业就会选择市场交易的经营模式，即外包的运作，否则就选择企业自行生产的纵向一体化经营模式。

Williamson（1975b）还强调交易特性层面的三个主要维度，即资产专用性、交易频率和交易不确定性，这三个维度导致了交易成本的问题以及由此产生的企业纵向一体化的问题。这三个维度的差异决定了交易成本的大小。在不确定性保持一定的水平、资产专用性和频率变化的情况下，Williamson（1979a）提出了有效的管理结构，如表2.3所示。基于Williamson（1979a）的观点，资产专用性低的时候，市场存在很多供应商或合作伙伴，因此不管交易频率高低，外包市场的采购（外包）是有效的选择。相反，在资产专用性高的情况下，企业为了避免或减少机会主义行为会选择纵向一体化的经营模式，即拒绝外包措施。当企业内部的交易成本大于外包市场的交易成本时，外包就成为企业降低成本的一个理想的选择。这样，Williamson（1975b）的交易成本理论提供了外包形成的重要理论依据。

表2.3　资产专用性与交易频率之间的有效管理结构

交易频率	资产专用性	
	专用性低	专用性高
低频率	市场采购	市场采购（契约）
高频率	市场采购	内部生产

资料来源：Williamson（1979）。

　　第一波外包持续到20世纪80年代末，当时企业主要为了降低费用而把非核心业务过程外包给第三方企业。外包是能够使组织变为更加有效的经济单位的重要工具。20世纪90年代初期开始，外包的范畴和实践出现了转折性的变化。Hamel和Prahalad（1990）用企业的核心能力理论代替了战略事业单位（strategic business unit）的思想。他们的思想使得企业的管理者们重新思考他们公司的竞争优势。企业采用外包的动机不仅是获取成本效率，而且也是寻求外部市场的技术、竞争力和知识。因此，企业在更加复杂和具有重要战略意义的组织过程上也开始采用外包并获取价值（Kremic et al.，2006）。随着技术的快速发展和市场竞争压力的不断提高，跨国公司在纵向一体化和专业化两者之间的权衡出现了更倾向于专业化的趋势，跨国公司更集中于核心能力，因而出现了更多的外包业务（程新章，2006）。在资源有限的情况下，任何企业不可能在所有的业务上都具备竞争优势（Hobday et al.，2005；李威松、王淑云，2004；Langlois，1990）。企业必须将有限的资源集中在自身的核心能力上，而把自身不具备核心能力的功能以合同的形式委托给第三方专业化的企业来完成。通过与外部专业化的供应商合作，企业可以利用整个供应链各参与方的核心能力，强化自身的核心能力并扩大持续的竞争优势（李威松、王淑云，2004）。因此，在21世纪，外包更加普及，且逐渐成为获取竞争优势的战略工具。全球供应商的可利用性、交易成本的降低和信息技术的发展给所有的企业提供了重组其事业的可能性。不论产业、地区和公司的规模，所有企业均可通过外包利用全球资源。因此，在21世纪，外包的意义从战略外包扩展到转型外包（Linder，2004b）。企业通过外包创造崭新的商业模式并产生竞争优势。传统的外包强调降低成本，战略外包的目标是获取企业缺少的能力，而转型外包改变商业模式并使企业成为具有新的适应能力的组织（Edvardsson et al.，2020；Rebernik and Bradac，2006；Linder，2004a；Mazzawi，2002；Linder et al.，2002）。

经济学的交易成本理论和战略管理的资源观塑造了重要的外包理论背景。进行外包时，公司会考虑生产成本和交易成本。如果外包生产节省的成本超过附加的交易成本，公司会考虑使用外部市场并采用外包（Yuan et al.，2020；Carmel and Nicholson，2005）。其他意外的隐藏成本（如锁定、契约的修改、意外的转变和管理、争论和诉讼等）会影响外包的选择（Bahli and Rivard，2003）。根据交易成本理论，公司可以依据其相关的交易和生产成本而决定内部生产或外包。

跟强调成本最低化的交易成本理论相比，资源观理论强调通过资源的使用令公司实现价值的最大化（Chahal et al.，2020；Das and Teng，2000）。资源观理论表明，若公司具有有价值的、稀少的、不能完全模仿的、不可替代的资源，它就有能力获得持续的竞争优势（Barney，1991）。并不是所有的企业资源对公司战略都很重要。没有一个公司能够开发所有内部必要的能力（Gambal et al.，2022；Hobday et al.，2005；Langlois，1990）。公司能够控制和建设核心能力是竞争优势的重要来源（Gottfredson et al.，2005）。所以，公司通过充分利用和控制内部或外部的资源，保证获取有价值的资源。企业在内部必须维持和开发具有高战略价值的核心资源。企业可以把战略价值较低的资源外包给第三方，从中获取低成本、高效率和高品质（Roy and Aubert，2001）。为了获得持续竞争优势，资源有限的企业需要依靠外部众多供应商的各种零部件、产品、服务、技术和销售等外部有价值的资源和能力（Langlois，1990）。所以，交易成本理论和资源观理论可以提供有关外包动因的有意义的见解，而且交易成本理论和资源观理论两者之间有机结合、相互补充（李威松、王淑云，2004），更有力地解释了外包的选择和实施的问题。

基于交易成本理论和资源观理论，Arnold（2000）将企业可采用的生产模式分为自制、内部外包与外部外包三种类型，并提出外包的决策模型，如图2.3所示。从交易成本理论视角来看，资产专用性和战略重要性越高，企业越倾向于采用自制的模式；而资产专用性和战略重要性越低，企业越倾向于选择市场外包的模式。从核心能力理论视角来看，战略重要性越高，企业越可能选择自制的模式；而战略重要性越低，企业越可能采用市场外包的模式。

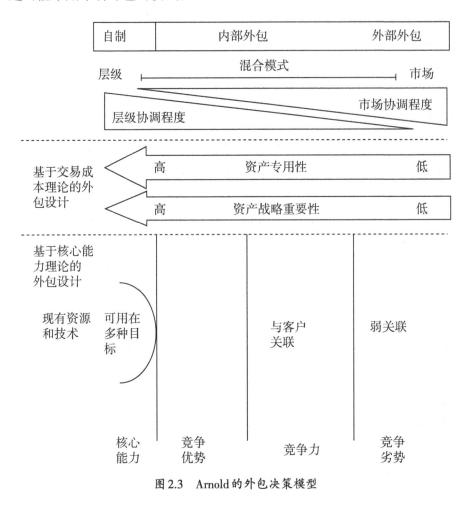

图2.3　Arnold 的外包决策模型

　　Lee等（2000）将外包理论划分为经济视角、战略视角和社会视角三大类。经济视角的外包理论包括交易成本理论和代理理论（Agency Theory）；战略视角的外包理论包括资源观理论（Resource-based Theory）和资源依赖理论（Resource Dependency Theory）；社会视角的外包理论包括权利与政治理论（Power and Politics Theory）和社会交换理论（Social Exchange Theory）。Cheon 等（1995）将这些外包理论分为经济管理和战略管理两类。在普遍的外包研究中，经济和战略管理视角的问题是最常见的，也是最需要关注的因素（于慈江，2007）。

在近期外包的研究中，Hatonen 和 Eriksson（2009）回顾了过去30年外包研究从经济视角的交易成本理论到战略管理的资源观发展的过程，如表2.4所示。外包的理论研究，如前所述，已经发生了一些变化。外包理论的重要基础是交易成本经济学以及理念的体现。当这些交易成本理论不能充分解释更复杂和多样的外包现象时，学者们开始通过资源观理论来解释外包的选择和实施方法，而且研究外包的学者们开始借用价值链理论、模块系统理论（Harmancioglu，2009；Tiwana，2008）、组织学习理论（Andersson et al.，2005；Chatterji，1996；Hult，1998）、地理位置理论（Gullander and Larsson，2000）、生命周期理论（Chan et al.，2007）、制度化理论（Ang and Cummings，1997）以及网络理论（Danese and Vinelli，2008）等各种理论来解释外包现象。

综上所述，按照目前外包研究的发展历史来看，外包在21世纪是主要的商业趋势，它是使企业获取竞争优势的重要战略工具。交易成本理论很好地解释了外包选择上的问题，主要考虑通过外包的选择实现成本的节省。信息技术、物流、通信的快速发展和业务的标准化，使市场的交易成本不断下降，外包成为获取竞争优势的重要战略工具，与此同时，外包在全球范围内迅速崛起。资源观理论侧重强调企业的竞争优势，企业通过非核心业务外包的措施能更集中于自身的核心能力，从而更具备有价值的、稀少的、不能完全模仿的和不可替代的资源，最终能够培养出竞争优势。在经济全球化的网络社会，企业外包早已成为不少公司采取的一种管理策略，这样企业可以将其核心优势集中到提高内部组织能

表2.4　外包研究的回顾

研究问题	Why? ─────────────────────────────→		
	How? ─────────────────────────────→		
	What? ────────────────────────→		
	Where? ──────────────────→		
	When? ──────────────→		
理论基础	交易成本　资源观(基于	组织理论	生命周期理论
	竞争力的	Location 理论	制度化理论
	观点)	模块系统	Portfolio 理论
	国际化		组织学习理论
研究领域	核心竞争力和外包	模块化	Portfolio 管理
		资源获取	
	自制或外购	虚拟组织	制度效果
		外包位置	
		逐渐外包	
	自制、外购或联盟		外包时机
外包定义	交易型外包 某些行为转给外部供应商,从而获取低交易成本	资源寻求型外包 在制造零部件和其他增值活动上依赖外部资源	转型外包 把全部或部分的组织行为转给外部供应商	开发型外包 把内部行为、过程管理、开发和持续的改进活动转给外部供应商

力上来（Lacity et al.，2008；Kakabadse and Kakabadse，2005）。外包的具体形式有公司将非核心业务外包给专业单位和工厂、将生产车间转移到低成本的发展中国家等。企业外包的动机在于降低成本、靠近销售市场，以及应用创新技术的便利性等。而在竞争日益激烈的商业环境下，近年来，外包行为的范围扩展到核心业务的操作外包和创新技术的开发外包。单纯的低成本生产和简单的功能性外包已经不能再为公司带来绝对的竞争优势。外包对一个公司的重要性上升到了战略优势的角度（Kremic et al.，2006），而不仅仅是传统业务开展的便利性和效率的提升。

2.4 外包战略划分

在高度网络化的企业环境中，企业竞争力的来源从内部拥有的资产发展到网络资源的整合能力（吴晓波、吴东，2009）。因此，企业越来越将外包视为获取竞争力的重要战略工具（Kremic et al.，2006）。在本书中，外包战略指的是主要的外包动机。不同的外包动机需要不同的组织行为。因此，研究外包的时候，首先分清楚不同的外包战略意图是非常重要的。

Gilley 和 Rasheed（2000）把外包战略分成非核心外包（peripheral outsourcing）和核心外包（core outsourcing）。企业从外部供应商获得较少战略相关性的非核心活动时，采用的是非核心外包战略；从外部供应商获取较多战略相关性的核心活动时，采用的是核心外包战略。Kremic 等（2006）提出外包的动因可以分为成本驱动的外包、战略驱动的外包和政治驱动的外包。他们提出的政治驱动的外包是指政府机构的外包活动。因此，在企业层面，他们的分类也是两种，即成本驱动和战略驱动的外包。Power 等（2006）考虑了外包业务的属性，并区分了过程导向的外包（process oriented outsourcing）和项目导向的外包（project oriented out-sourcing）。他们认为过程导向的外包业务包括可结构化的、标准化的和文件化的业务；项目导向的外包业务包括非结构化的、非标准化的业务。

Cohen 和 Young（2006）把外包分成效率型、增强型和转变型。他们主张资源利用的交易会在这三种类型之间发生转移，如图2.4所示。效率型外包关注的是运营效率，主要通过供应商的规模运营实现降低成本并提高运营效率的目的。增强型外包关注的是运营业绩和运营效果的提高，主要通过供应商的专业技术和业务知识进行业务流程的优化，从而使企业获得竞争优势或使企业功能升级。转变型外包是最高层次的资源利用的外包类型。转变型外包的例子包括新产品的开发、市场进入模式的创新、全新业务领域的进入等。伍蓓等（2009）借鉴 Cohen 和 Young（2006）的分类，从企业战略、技术特征和创新性的角度将研发外包分为效率型研发外包和创新型研发外包。Bengtsson等（2009）把外包战略分成低成本导向外包（low-cost oriented outsourcing）和创新导向外包（innovation oriented outsourcing）。他们主张不同的外包战略会导致不同的外包效果，因此研究外包绩效的时候，必须分清楚不同的外包战略。

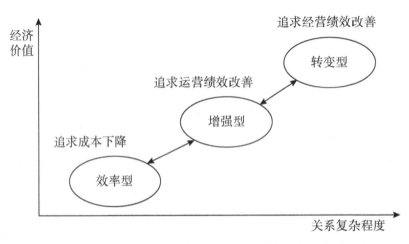

图2.4　Cohen和Young(2006)的三种外包分类的转移

　　基于上述外包分类的研究，尤其是借鉴伍蓓等（2009）、Bengtsson等（2009）、Cohen和Young（2006）的分类，外包战略在本书中分为寻求效率的外包和寻求创新的外包，如图2.5所示。企业通过外包不断地提高业务效率和提高创新能力，从中获取和保持持续的竞争优势。

图2.5　外包战略的分类

　　在外包过程中寻求的效率主要来自供应商的规模经济和低劳动成本
(Bengtsson et al., 2009; Jiang et al., 2006; Quinn, 1999; Embleton and
Wright, 1998)。在特殊领域具备规模经济、专业化的人才和更优秀业务
能力的供应商可以帮助企业降低成本、节省时间和提高品质 (Embleton
and Wright, 1998),从而使企业提高成本效率和运营效率。寻求效率的
外包战略是传统外包的主要动机,且仍然是最普遍被采用的外包战略。
对于寻求效率的外包战略,其外包业务的重复性和标准化程度较高
(Adler et al., 1999),且外包业务的多样性、不确定性和知识强度较低,
因此,外包业务的结果和过程的度量性也较高。

　　寻求创新的外包战略是从合作伙伴、供应商、客户和竞争公司那里
学习和获得其拥有的新能力 (competencies),进而建设创新能力的战略
意图 (Bengtsson et al., 2009)。传统的外包重视通过合作伙伴的经济规模
提高效率,但是企业界和学术界逐渐开始关注外包创新。现在,企业不
仅外包重复性的、非核心业务,而且外包更复杂的技术和核心业务
(Bengtsson et al., 2009)。外包的动机远远超过降低成本的范畴,创新逐
渐成为重要的外包动机。企业可以通过外包获得高新技术、专业化的资
源和学习机会,从中促进创新 (Weigelt, 2009)。在技术快速发展和高度
复杂的环境下,很少有企业在内部进行所有研发活动 (Langlois, 1990)。
因此,在新技术的开发中外包起到越来越重要的作用 (Bengtsson et al.,
2009; Leiblein et al., 2002)。企业在研发战略中越来越重视早期外部供
应商的参与 (Arnold, 2000)。企业采用研发外包的主要原因包括市场竞
争的激烈化、技术进步的加速、薄利润空间、技术复杂性的增加、内部
资源的缺乏、致力于核心业务专业化的供应商和风险分散等。企业之间
寻求双方在各自优势资源上的互补,进而培育建立在核心能力基础上的
持续竞争优势 (Cui et al., 2009)。Quinn 和 Hillmer (1995) 的研究表明,
随着技术日趋复杂、专业性不断增强,以及新技术的获取变得越来越重
要,企业不再单一地追求纵向一体化,而是通过与外部供应商的紧密合
作以更低的费用完成部分业务,从而获得更高的附加值。两种外包战略

的对比，如表2.5所示。

表2.5 寻求效率的外包战略和寻求创新的外包战略的特点

因素	寻求效率的外包	寻求创新的外包
市场的预测性	高	低
业务特性	重复性、标准化	新颖性、客制化
驱动因素	成本的削减、稳定的品质、提高交货时间、供应商的规模经济	开发速度的提高、柔性、多样性、产品品质、供应商的专业技术和知识
产品多样性	低	高
不确定性	低	高
知识强度	低	高
战略定位	低成本	差异化

2.5 外包绩效

Grover 等（1996）在信息系统外包的研究中提出，外包成功的评价为发包商在经济利益、技术利益和战略利益三方面的满意程度。经济利益是指通过供应商的人力和技术资源的规模经济给发包商带来经济成本的节省。技术利益是指通过外包获取外部的新技术，同时避免在新技术上的巨额投资和风险。战略利益是指通过非核心业务的外包使企业能更集中于核心业务。基于 Grover 等（1996）对外包绩效的定义，Lee（2001）也研究了知识的共享和外包成功之间的关系。胡欣奕（2004）将外包绩效定义为企业在战略利益、科技利益、经济利益以及行政利益四方面所获得的外包利益。对于外包绩效，这些学者重视外包带来的利益和满意度。

Bengtsson 等（2009）在实证研究中分析了外包战略（低成本外包战略与创新外包战略）对外包绩效的影响，如图2.6所示。他们在研究中强调不同的外包战略会影响不同的外包绩效结果。例如，低成本外包战略会影响成本的绩效，而它对市场的反应速度和产品功能绩效的影响相对比创新外包战略低很多。另外，在供应链和制造整合程度较高的环境中，创新外包战略对绩效的影响更高，反而整合并没有影响成本外包战略的绩效结果。Bengtsson等（2009）在研究外包绩效的时候，采用了三个指标，包括成本的降低、对市场反应速度的提高和产品功能的提升。

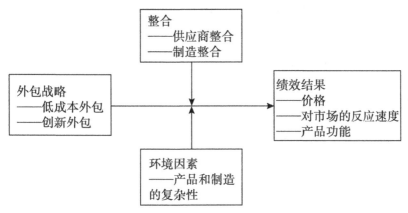

图2.6 外包战略对外包绩效的影响

资料来源：Bengtsson et al.(2009)。

Handley和Benton（2009）在分析外包绩效的时候，考虑了总体费用、品质、响应性以及可靠性，如图2.7所示。他们强调，外包管理人员必须通过密切的合作和互相之间的关系承诺做好关系管理，这样才能够提高外包绩效。另外，战略评价主要通过关系管理间接地影响外包绩效。然而，合同完善度对外包的影响并不显著。

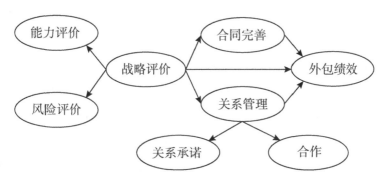

图2.7 Handley和Benton(2009)的外包绩效模型

除了这些外包绩效的研究，外包研究还涉及知识获取（Li et al.，2010a）、整合能力（Weigelt，2009）、创新能力（Liu et al.，2010；Li et al.，2008）以及新产品开发（Rothaermel et al.，2006）等多领域。例如，伍蓓（2010）在实证研究中验证了外包模式与创新绩效的关系，如图2.8所示。她强调研发外包与企业创新绩效并非正向或负向关系，不同的研发外包模式对企业创新绩效的影响不同，效率性研发外包模式与创新绩效存在正相关的线性关系，而创新性研发外包模式与创新绩效存在倒U形非线性关系。Weigelt（2009）研究了技术外包程度和整合能力之间的关系。他在研究中发现，虽然外包在新技术的获取中发挥了非常重要的作用，但是过多地依赖外包会减少企业的学习机会、内部投资以及对隐性知识的应用，导致企业整合能力的下降。

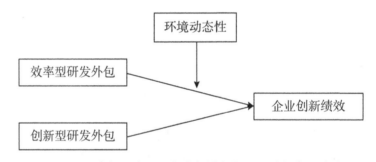

图2.8　伍蓓(2010)的研发外包模式与企业创新绩效模型

　　过去，企业采用外包的目的主要在于降低成本，因此，大部分外包绩效的研究针对的是外包项目的满意度和外包的收益。但是从20世纪90年代初期开始，外包成为获取企业竞争优势的重要战略工具（Kang et al.，2009；Verwaal et al.，2009；Rothaermel et al.，2006；Gottfredson et al.，2005；Quinn and Hillmer，1995），甚至使外包成为转型企业组织的重要管理手段之一（Linder，2004b；Mazzawi，2002）。因此，学者们在外包对绩效的影响的研究中逐渐开始关注企业层面的绩效。

　　Gilley和Rasheed（2000）提出外包强度的概念，并验证两种类型的外包强度对企业绩效的影响。企业绩效包括财务绩效、创新绩效和利益相关者绩效，如图2.9所示。

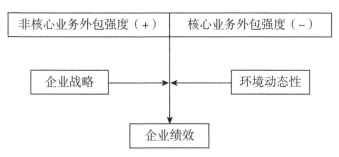

图2.9 外包强度对企业绩效的影响

资料来源：Gilley 和 Rasheed(2000)。

大部分对外包的研究提出，非核心业务的外包可以提高企业绩效，而核心业务的外包则会导致核心能力的丧失、创新能力的下降和对供应商的依赖，结果导致企业绩效的下降（Gilley and Rasheed，2000；Quinn and Hillmer，1995；Kotabe and Omura，1989）。但 Gilley 和 Rasheed (2000) 的研究结果表明，外包强度对企业绩效的影响并不显著，而实施成本领先战略和创新差异化战略的企业能够享受外包的收益。他们还主张外部环境稳定时，企业通过外包可以提高绩效。Espino-Rodriguez 和 Padron-Robaina（2004）的实证研究证实了外包措施对企业降低成本的作用，他们认为外包能给企业带来成本上的节约，从而提高财务绩效。

Kotabe 等（2008）认为外包强度和企业绩效之间呈倒 U 形关系，如图2.10所示。这表明企业为了获取最佳的外包收益需要选择最优强度的外包，过高的外包强度会导致技术的依赖和高交易成本，最终导致企业收益的下降。另外，信息技术能力（Kotabe et al.，2008）和企业的核心能力会将最优外包强度向右迁移。因此，Kang 等（2009）强调，企业采用外包之前，必须先考虑企业的核心能力。

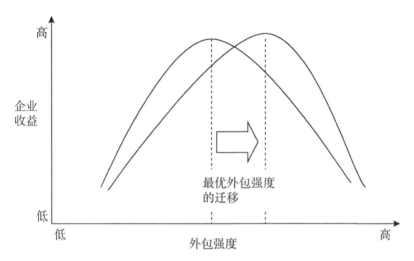

图2.10　外包强度和企业收益的关系

资料来源：根据Kotabe et al.(2008)的研究修改。

　　关于外包对绩效影响的研究，可以分为对外包项目结果绩效的研究和对企业外包绩效的研究。

　　第一，外包项目结果绩效都是事后评价的，如成本、品质、柔性和可靠性等。这些绩效指标一般集中在外包带来的收益以及对外包业务层面的外包结果满意度中，其主要检验外包的效率（efficiency）、收益和满意度。

　　第二，企业外包绩效是指外包与企业层面的绩效的关系，主要包括财务绩效、市场绩效和利益相关者绩效等。对企业外包绩效的研究把外包扩展到企业层面，其主要检验外包的效果（effectiveness）。

　　关于外包对绩效影响的研究得出了纷繁芜杂的结果。外包本身有多方面的特性，因此不同的外包动机会带来不同的外包结果（Bengtsson et al.，2009）。Leiblein等（2002）提出交易环境和契约环境的特点会影响不同的外包结果，他们发现外包的选择与绩效之间的关系取决于交易和契约环境的特点，包括控制能力、吸收能力、核心能力、产品的复杂性以及不确定性等很多企业内外因素。因此，现有的文献呈现出各种不同的外包绩效结果。有部分学者认为，外包会改善或提高效率、降低成本、增加学习机会以及创新能力（Bengtsson et al.，2009；Poppo and Zenger，1998）；有一些学者认为，外包会导致企业核心能力的丧失、整合能力和创新能力的下降等（Weigelt，2009；Gilley and Rasheed，2000；Bettis et al.，1992）；还有一些学者主张外包与绩效之间的关系呈倒U形（Kotabe et al.，2008）。上述不同的外包研究结果导出了重要的研究问题——怎样才能实现预期的外包收益？这个问题也正是本书的研究焦点。

早期传统外包是在降低成本的压力下产生的。但自20世纪90年代开始，外包的目标扩展为寻求可持续的竞争优势（Hatonen and Eriksson，2009）。外包绩效考核也随之演绎为成本考核和可持续发展价值的战略考核。也就是说，战略外包的考核自然而然地包括了成本降低和整体战略目标达成两大方面。学者们还引进了其他的绩效考核尺度，如创新性、财务状况和股东利益、对市场的反应或灵活度、产品上市时间、性能和时间精确性等（Handley and Benton，2009；Bengtsson et al.，2009；De Vita et al.，2009；Bozarth et al.，1998）。

本书的研究涉及的绩效是外包业务层面的外包绩效，而不是外包对企业层面的绩效。因此，本书并没有考虑企业层面的绩效，而是重点考虑对外包运营层面的外包结果的满意度和战略层面的满意度。

2.6 小 结

外包战略、组织控制和外包绩效是本书涉及的重点概念。因此，本章重点对外包理论、组织控制理论和外包绩效理论进行了综述。基于现有的文献，本章提出寻求效率的外包和寻求创新的外包两类外包战略。随着市场竞争的日趋激烈，各企业都面临着巨大的成本压力。在这样的经营环境中，诸多企业纷纷利用外部市场的资源来削减成本和提升创新能力。换句话说，外包已经成为帮助企业提升运营效率和竞争优势的主要途径。

虽然企业通过外包来降低成本和获取竞争优势的做法已经非常普遍，

但企业所签订的外包合同中几乎有50%无法实现预期目标。外包虽然有诸多收益，但同时也会给企业带来致命的风险。因此，为了成功实施外包战略并达到预期的外包目标，企业必须认真考虑怎样降低外包风险和保障外包收益。虽然现有的文献强调失控是外包失败的主要原因之一（Kotabe et al., 2008；Kremic et al., 2006；Lau and Zhang, 2006；Harland et al., 2005；DiRomualdo and Gurbaxani, 1998；Quinn and Hillmer, 1995），但是很少有学者研究以供应商管理为核心的战略外包成功执行的问题，也缺乏相关实证研究。

本书研究所关注的是，为保证外包的成功实施，不同的外包企业应如何解决供应商管理的问题，从而构建关于外包战略、供应商管理与外包绩效之间的理论模型。

3 外包战略对外包绩效影响机制的案例研究

本书将建立一种有效的理论研究模型，探讨不同的外包战略如何影响组织控制机制，从而提高外包绩效。本书将分类考核寻求效率的外包战略和寻求创新的外包战略这两种外包策略。此外，本书还将探讨伴随着发包方对供应商能力信任度的增加和对外包业务关联知识的积累，企业将如何调整过程控制。本书将采用案例实证研究的方法，引入五个在中国有成功外包经验的外资企业，提出五个假设命题，进一步总结推导外包战略、组织控制与外包绩效之间的关系。

3.1　组织控制理论

组织控制是战略执行的关键因素（Pianese et al.，2023；Chen et al.，2009）。企业通过外包寻求效率和创新战略的时候，为了达到预期的外包目标，需要保护企业的核心能力，还需要排除外包的风险和不确定性，为此企业在组织之间的互动过程中应采用组织控制。

3.1.1　组织控制理论概述

"控制"适用于很多领域，不仅包括机械、电子、医学和物理等理工科领域，还包括社会科学领域。在工学领域里，控制理论研究"如何通过信号反馈来修正动态系统的行为和性能，使系统的某些性能或输出达到预期的最优指标"（陈翰馥、郭雷，1998）。因此控制是一个非常有吸引力的研究领域，而且控制的理论和技术应用于现代生活的所有方面。

从宇宙飞船、机器人、家电产品、半导体，到工业生产过程和人类日常生活，控制系统已成为不可缺少的重要部分，而且其概念不断地扩充和渗透到诸多其他研究领域。20世纪70年代中期以来，控制理论不仅用于理工科领域，其概念也开始应用于经济、管理和社会学等领域，并推动了其他领域学科的发展。

在管理学领域中，所谓控制是影响被控对象的管理活动，以便更好地实现预期的目标和任务（Yang et al.，2022；Geringer and Hebert，1989；Ouchi and Maguire，1975）。因此，控制可以理解为一系列管理过程。组织控制是指制订计划、采取行动来影响对方的行为，以确保实现特定组织目标的过程（Chen and Li，2008；Tiwana and Keil，2007；Kirsch et al.，2002；Das and Teng，1998a），即为了实现组织的目标，对组织活动、组织成员或其他组织进行监督、评价和反馈的一系列管理过程（Chen and Li，2008；Tiwana and Keil，2007；Kirsch et al.，2002；Siew Kien and Boon Siong，1997；Ouchi，1979）。组织控制常用在公司的整个目标与员工的活动和绩效之间的调整活动上，因此组织控制是所有组织的重要基础和执行战略的关键因素（Yang et al.，2022；Chen et al.，2009）。

在营销领域中，控制理论主要应用在销售人员管理（Lopez and McMillan-Capehart，2009；Atuahene Gima and Li，2006；Krafft，1999）、营销渠道管理（Malek et al.，2022；Yi et al.，2008；Heide，1994）和产业采购管理（Mohr et al.，1996）等方面，主要涉及个人层面的研究和组织间关系层面的研究。在营销领域中，个人层面的组织控制的研究主要涉及销售人员的管理方面，其研究包括组织控制选择的影响因素（Krafft，1999；Cravens et al.，1993；Anderson and Oliver，1987）和控制与销售绩效之间的关系研究（Ramaswami，1996；Challagalla and Shervani，1996），而组织间关系层面的组织控制研究主要涉及营销渠道管理和产业采购管理方面。

在战略管理领域中，目前大多数关于组织控制的研究都侧重于国际合资企业（Tetteh et al.，2023；Chen et al.，2009；Groot and Merchant，

2000；Makhija and Ganesh，1997；Yan and Gray，1994）、组织间的战略联盟（谢恩等，2009；Chen and Li，2008；刘学等，2006；Das and Teng，2001c；Das and Teng，2000）和母公司对子公司的影响（Yeh，2021；何金旗、喻丽，2006；Jaussaud and Schaaper，2006；Gupta and Govindarajan，1991）等。战略领域的主要组织控制研究如表3.1所示。

　　由于国际合资企业中控制权的问题直接影响双方的收益，故而初期在国际合资企业领域里组织控制的理论主要强调权利（Chen et al.，2009）。合资双方对所有权的控制问题已成为国际合资企业治理的关键因素（何金旗、喻丽，2006）。在国际合资投资上，控制通常通过所有权结构得以体现或实现（Blodgett，1991；Hennart，1988）。所有权可以决定合资法人的董事会的组成，并且可以行使拒绝权，因而被认为是可以控制对方机会主义行为的重要手段。但是国际合资企业的控制是很复杂的问题，很难通过单一的所有权来解释整个控制机制。

表3.1　战略领域的组织控制研究

学者	研究领域	研究方法	研究内容
Chen等（2009）	合资企业	实证研究	在国际合资企业中,资产的提供会影响结果控制和过程控制,知识的提供会影响过程控制和社会控制
Makhija 和 Ganesh（1997）	合资企业	概念研究	从合作伙伴获取知识的不同程度需要采用不同的组织控制机制
Yan 和 Gray（1994）	合资企业	案例研究	正式控制和非正式控制相互起作用并影响绩效
Geringer 和 Hebert（1989）	合资企业	概念研究	企业战略与控制的程度、范围和类型相互匹配影响绩效
Leifer 和 Mills（1996）	战略联盟	概念研究	组织控制会减小不确定性和模糊性并影响绩效,组织间的信任起到补充控制的作用
Chen 和 Li（2008）	战略联盟	概念研究	联盟中正式控制和社会控制的重要性
Das 和 Teng（2001a）	战略联盟	概念研究	联盟中风险、信任与控制之间的关系,过程控制和社会控制可以降低企业间战略联盟相关的关系风险,结果控制和社会控制可以降低绩效风险

续　表

学者	研究领域	研究方法	研究内容
谢恩等（2009）	战略联盟	实证研究	不同的联盟风险与控制方式的选择之间的关系
刘学等（2006）	战略联盟	实证研究	初始信任与控制战略的关系

因此，不同于在国际合资投资上把所有权视为控制方案的研究，关于控制的研究开始普遍提出在国际合资投资中可以影响合作双方的行为和决策的控制结构（Fryxell et al.，2002；Yan and Gray，1994）。Geringer和Hebert（1989）把在国际合资项目中的控制划分为控制焦点（the focus of control）、控制程度（the extent or degree of control）和控制机制（the mechanisms of control）。Chen等（2009）把控制机制分为结果控制、过程控制和社会控制，以此解释不同的母公司对子公司的贡献需要不同的控制机制。有些学者将合资双方的母公司分开独立地进行研究。例如，Luo等（2001）研究了外资母公司和当地母公司对合资企业进行的控制，研究结果表明，外资母公司和当地母公司各方对合资企业进行相互独立的控制，而且通过不同的方式影响母公司的满意度。

3.1.2　关于外包中组织控制的研究

随着诸多公司逐渐选择利用外包作为实现战略目标的工具，对合作供应商的有效控制成为决定外包绩效以及能否达到预期目标的重要因素。有关外包业务组织控制的研究主要包括以下几个方面：一是在外包业务中所使用的组织控制方式的研究（Handfield and Bechtel，2002；Anderson and Narus，1990）；二是在外包业务中组织控制结构影响因素研究（Li et al.，2008）；三是在外包业务中有关组织控制绩效的研究（Li et al.，2008；Mao et al.，2008；Tiwana and Keil，2007；Handfield and Bechtel，2002）。外包研究领域的主要组织控制研究，如表3.2所示。

表3.2　在外包领域里组织控制研究

学者	研究领域	研究方法	研究内容
Langfield-Smith和Smith(2003)	外包关系	案例研究	在外包关系中,控制机制和组织间信任的作用
Lee(2001)	信息系统外包	实证研究	在信息系统外包中,组织控制的分类和绩效的关系
Li et al.(2008)	在技术联盟中离岸外包	实证研究	从合作伙伴获得隐性知识的战略意图影响正式控制和社会控制
Tiwana和Keil(2007)	技术联盟外包	实证研究	在技术联盟中,技术外包、控制、知识与绩效之间的关系,知识促进过程控制的使用
Mao et al.(2008)	信息系统离岸外包	实证研究	供应商对客户的信任和客户对供应商的控制影响绩效
Harmancioglu(2009)	技术外包	概念研究	在新产品开发的技术外包中,组织控制的方式和影响因素
Liu et al.(2010)	买方卖方关系视角	实证研究	在买卖双方关系中,所使用的控制机制的方式

虽然组织控制在外包过程中起非常重要的作用（Kotabe et al.，2008；Paju，2007；Kremic et al.，2006；Lau and Zhang，2006；刘学等，2006；Harland et al.，2005；王莉苹、杨寿保，2004；DiRomualdo and Gurbaxani，1998；Quinn and Hillmer，1995），但与营销管理、战略联盟和合资企业管理领域相比，外包领域中组织控制的研究还处于起步状态。因此，外包与组织控制相结合的研究是需要展开研究的重要领域。

3.1.3　组织控制的划分

组织控制是一种业务程序，即企业采用某种方式影响和激励另一企业按照计划合作，以达到特定的组织规划目标（Chen and Li，2008；Tiwana and Keil，2007；Kirsch et al.，2002）。在宏观组织理论领域里，控制被视为重要的研究主体。Weber 和 Parsons （1997）强调以正式的、结构性的控制系统，如业务的标准化、规则、规制和记录的蓄积等作为达成组织目标的控制手段。Etzioni（1965）从权力的观点解释了控制，因此他提出了物理性的手段（如监狱）、物质性的报酬（如金钱）和象征性的报酬（如特权、自豪）等三种控制手段。他的研究强调正式控制手段的必要性，如规则或报偿制度等，因为非正式控制难以达成组织的目标，如内在的规则等。March 和 Simon（1958）主张，只有把与业务有关的流程或规则具体地联系到报偿或处罚时，控制才有效。同时他们在研究中指出了正式控制及对组织的社会化过程的非正式控制的重要性。Thompson（1967）指出彼此独立的部门为了达成组织的目标必须被调整或被控制，而且他提出以标准化、计划、互相调整作为控制手段，他还提出对原因和结果之间关系的理解程度是影响选择恰当的控制手段的主要前提。

组织控制分为正式控制和非正式控制（Kirsch et al.，2002；Jaworski，1988），正式控制又进一步被细分为过程控制（又被称为行为或操作控制）和结果控制（或输出控制）。非正式控制主要指社会控制（或关系控制），它强调双方的互动关系。虽然企业都使用正式控制和社会控制，但由于结果控制的可测性比较高，因此，初期对控制的研究强调正式控制的效果（Jaworski et al.，1993）。后续的研究提出了控制系统或控制机制的概念，比如，Ouchi（1978）提出的控制框架已经广泛应用于组织控制文献。Hopwood（1972）强调，单靠正式控制很难对复杂组织进行控制，社会化（socialization）的控制组合才能成功实现控制的目的。本书也认同控制组合的重要性，采用的控制机制包括结果控制、过程控制和社会控制。本书采用了三种类别的组织控制分类（过程控制、结果控制和社会控制），这是目前大多数学者们认可的理论框架（Chen et al.，2009；Das and Teng，2001c；Groot and Merchant，2000；Merchant，1982）。这三种控制类型的区分意味着不同的外包战略会导致不同的控制类型的组合，进而影响外包的运作和绩效。

（1）结果控制（output control）

结果控制的焦点在于外包的产出，主要指与外包成果有关的控制，如明确的目标、特定的外包业务内容、严格的奖惩机制等（Tiwana and Keil，2007；Kirsch et al.，2002）。为了执行结果控制，企业需要制定外包成果的最终指标和明确的惩罚机制，使得供应商的违约成本增大，保证外包业务的预期目标（Kirsch et al.，2002）。有效的结果控制会排除或减少外包中潜在的纠纷和合作伙伴的机会主义行为（Das and Teng，2001c），使企业有更多的时间专注于解决问题和完成目标（Cui et al.，2009）。业务完成后，企业在实际结果与规划目标之间进行比较，如果两者之间有明显的差距，必须采取及时的纠正措施。由于技术和市场的不确定性因素，业务的复杂性增加，最终的外包目标通常需要反复调整和修改。因此发包商必须预先考虑外包项目后期的目标调整以及如何与供应商合作的问题。这样一方面可以避免或减少潜在的冲突，另一方面可以控制供应商的机会主义行为。也就是说，这些企业更加侧重于难题的解决和目标的达成机制。

（2）过程控制（process control）

结果控制强调供应商须达成的绩效目标，而过程控制侧重如何让供应商达到此特定目标的各项要求（Christ et al.，2008；James et al.，1998）。过程控制包括标准的程序、正式的规定、详述的角色分配、业务的流程、工作的描述、严格的报告和审批过程（Chen et al.，2009）。为了执行过程控制，企业需要落实外包过程中的具体行为并监督执行的过程。在外包的整个过程中，企业需要保持对供应商业务的持续监督、定期或不定期进行追踪调查、了解业务进行情况、及时发现问题、注意各种信息反馈，从而降低外包过程中会发生的潜在风险。

（3）社会控制（social control）

社会控制意味着组织间的互动和沟通，包括仪式、非正式会议和其他社会化活动（Chen et al.，2009）。与合作伙伴的合作需要高度相互理解和信任（Cui et al.，2009）。信任不仅建立在以往的合作关系上，还需要频繁地沟通，如随时召开正式会议或访问合作伙伴（Cui et al.，2009）。社会控制脱颖而出是外包活动和成果都模糊且无法界定造成的（Das and

Teng，2001c）。在这种情况下，企业为了达到既定的规划目标，他们会自然地和供应商分享企业价值、信念和目标，通过互动和沟通来提高供应商的积极性和忠诚度（Chen et al.，2009；Das and Teng，2001c；Merchant，1982）。总而言之，社会控制是指当外包业务的具体行为和成果都模糊时，企业通过正式、非正式的会议、沟通和社会活动等方式与供应商分享企业价值、信念和愿景目标的控制手段。

在控制机制选择的研究中，Das 和 Teng（2001c）以及 Ouchi（1978）等学者提出结果度量性（outcome measurability）与任务可规划性（task programmability）决定控制机制的选择模型，如图3.1所示。即任务的可规划性低而结果度量性高时，可以采用结果控制；任务可规划性高而结果度量性低时，可以采用过程控制；结果度量性和任务可规划性都很高时，则采用过程控制和结果控制；结果度量性和任务可规划性都很低时，则无法采用正式控制（过程控制和结果控制），只能采用社会控制。在宏观组织论领域里，对控制提出最广泛和具体内容的是Ouchi的一系列研究（Ouchi，1979；Ouchi，1978；Ouchi and Maguire，1975）。他主张，当控

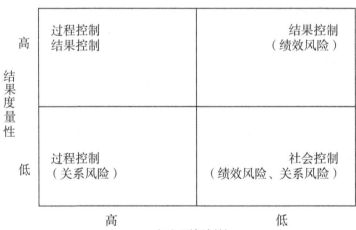

图3.1　控制机制选择模型

资料来源：Das 和 Teng（2001c）；Ouchi（1978）。

制者和被控制者之间目标不一致时，可以通过社会化过程达成一致。当行为和成果由于两者之间时间差的存在、信息收集的误差和不正确性而难以被正确测定时，过程控制和结果控制是不合适的，所以他提出在这种情况下社会控制将更为合适。社会控制能够通过多种形态的社会化过程以及人际关系，使被控制者提高对控制者和组织的忠诚度。而且，在成果难以测定时，它可以达到控制的效果。

3.2 研究框架

本书将从寻求效率和寻求创新这两大视角对外包战略进行深度探讨。寻求效率的外包主要是把重复性的非核心业务承包给外部专业供应商，从而降低成本和提高劳动生产率。采取这种战略的企业希望通过外包减少固定资产投资，同时提高整体效率（Kotabe et al.，2008；Mouzas，2006）。与此相对，寻求创新的外包企业注重充分利用外部资源来发展和提升自我创新能力。在日新月异的市场环境中，没有任何一个企业能够单单依靠内部的研发部门就可以源源不断地向市场推陈出新（Langlois，1990），所以他们很快就意识到与外部供应商合作以取长补短的必要性（Johnsen et al.，2006；Arnold，2000）。因此，在那些基于技术的研发部门，外包在企业中的战略角色日益加重（Bengtsson et al.，2009；Leiblein et al.，2002）。事实证明，越来越多的企业将外包的范围由以前的简单重复性非核心业务扩展到了复杂的核心业务（Bengtsson et al.，2009）。换言之，寻求创新的外包主要是充分利用市场平台所提供的高新技术、互补性资源和企业个体所提供的学习机会等（Weigelt，2009）。

虽然企业通过外包寻求效率和创新，但由于外包本身的风险因素，不是所有的外包战略都能为企业保障预期的结果。当采用外包战略时，为了降低或回避潜在的外包风险和提高外包收益，企业需要实施适当的组织控制。学者们也强调外包失败的主要原因是对供应商的失控（Kremic et al.，2006；Harland et al.，2005；Quinn and Hillmer，1995），因此，组织控制是执行外包战略的重要的组织间行为。根据第2章的理论综述，本案例研究采用的组织控制分类包括过程控制、结果控制和社会控制。这种分类是被广泛采用的理论框架（Chen et al.，2009；Das and Teng，2001c；Groot and Merchant，2000；Merchant，1982）。结果控制强调的是外包的结果，而过程控制强调的是执行外包过程中所需的一切监督行为。这两种控制的组合就是正式控制。相对正式控制，社会控制需要大量的人员之间或组织之间的沟通和互动，并提高供应商的忠诚度（Chen et al.，2009；Das and Teng，2001c；Merchant，1982）。当外包业务的过程和结果都模糊时，企业很难使用正式控制，但通过社会控制仍能有效地执行外包战略。

本书此部分试图分析案例企业的外包战略是如何影响其组织控制行为，继而通过组织控制影响其外包绩效的。如图3.2所示，该模型涵盖了本书的各大关键要素，即外包战略、组织控制和外包绩效。

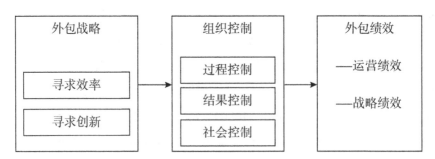

图 3.2　外包战略、组织控制和外包绩效的概念模型

3.3　案例研究方法

实证案例研究的好处在于它能够为研究者提供切入口，考察为何某种特定的商业模式卓有成效，并在实践中理解当前的实际现象和情况（Yin，2003b）。当研究问题是"怎么样（how）"和"为什么（why）"时，案例研究方法是一种非常合适的研究方法（Yin，2003b）。本书的重点是考察在华经营的外资企业如何实施组织控制以实现外包战略绩效的最大

化。因此，本书非常适合采用案例研究方法。根据Yin（2003b），本书将通过实证案例，将真实数据和理论模型逻辑性地联系起来，考察外包战略、组织控制和外包绩效之间的关系。

3.3.1 案例选择

本书采取了多案例的研究方式，研究人员可以考察各变量因素之间的紧密联系（因果关系），并基于对多个案例的深度分析和规律得出合理的研究结论（Yin，2003b；Eisenhardt，1989a）。与单一案例研究相比，多案例研究方式更能提高研究的效度和研究结果的普适性（Yin，2003b；Eisenhardt，1989a）。我们采取了有目的性的选样方式，即选择那些成功实施寻求效率外包战略或寻求创新外包战略的在华经营的外资企业。五家在中国经济最活跃的华东地区经营了七年以上的外资厂商入选。本案例研究为了控制外部变异（extraneous variation），选择将案例企业限定在外商独资制造企业（Eisenhardt，1989a），这能在一定程度上避免中外合资经营企业与外商独资企业之间差异和服务行业与制造行业之间差异对研究结果的影响。表3.3介绍了参与本调查的五家企业，他们最初在中国运营的目标仅仅是降低成本和开辟市场，但是随着多年的发展，在中国成功地完成了业务目标，拓展了经营范围。

表3.3　案例企业概况

	案例企业 A（CA）	案例企业 B（CB）	案例企业 C（CC）	案例企业 D（CD）	案例企业 E（CE）
主营产品	服装	电源	电源 电子消费品	液晶显示屏模板	化工产品
在华经营年数	8 年	19 年	9 年	7 年	29 年
资本所属国	韩国	美国	韩国	韩国	日本
在华投资目的	降低成本 开辟市场	降低成本 开辟市场	降低成本	降低成本 开辟市场	降低成本 开辟市场
具体外包业务	制造业务 设计业务	制造业务	制造业务 研发业务	制造业务	制造业务 研发业务

3.3.2　数据收集和分析

本书中各企业的深度访谈对象主要是五家公司的总经理、采购经理、生产部经理和外包专员等。我们预先设计了案例研究的访谈提纲（见附录一），以确保所采集数据的可信度和系统性（Yin，2003b；Tellis，1997；Eisenhardt，1989a）。首次访谈持续约两小时，随后通过电话访谈补充添加信息。研究人员不仅对案例企业相关人员进行访谈，而且参观了部分案例企业（CB，CD）的供应商生产现场，从中更仔细地观察并研究了其外包业务的实际执行情况、外包管理的特征和控制机制。数据采集方法包括访谈和档案的记录（公司手册、宣传演示、年度报告、网站和新闻报道）。本书遵循了通用的多案例研究方法，收集了丰富的数据并对数据交互验证，以确保本书的构思效度（Woodside and Wilson，2003；Salminen，2001）。本书根据研究模型，如图3.1所示，将数据分类归档，并在数据分析和阐释过程中添加新的必要类别。数据分析运用了分析性归纳法，它可以通过比较概念模型和实证案例，以及现有的理论结果，逐渐完善研究模型。

3.4　案例研究结果

3.4.1　外包战略

本书的实证案例中的五家公司都采取了寻求效率的外包战略，其中三家（CA，CC和CE）还兼纳了寻求创新的外包战略。这表明在华经营的外资企业的首要外包动机都是寻求效率，减少成本，提高生产效率。（注：CA，CB，CC，CD，CE分别代表案例公司A，B，C，D，E）

（1）寻求效率的外包

这些案例公司的共同外包动机都是全面降低成本。外包的另一战略目标是通过与供应商的密切合作，利用对方专业化的管理手段和规模经济效益，学习如何克服内部生产流程的缺陷（CA，CB，CC）或瓶颈

（CB，CD），从而提高运营效率。

　　CA首要的战略目标是通过在中国的外包，更快地向市场推出有竞争力的产品。这一战略目标使得CA能够在中国以更短的周期推出更有价格优势的产品。CA选择了和那些有价格优势、质量保证和能快速响应市场需求的中国本土供应商合作。CB早期的经营过程侧重于依赖公司内部资源，他们企图在中国整合上线全套的生产设备，以控制成本和保证质量。后来，CB开始尝试将变压器和塑料盒等元件的生产线外包给供应商，将公司内部资源集中在核心产品（开关电源）的制造上。CB同时外包的还有开关电源的前期生产线（如元部件的插入、焊接和测试过程）。此举使得CB能够在市场需求高峰时期迅速提高产量。CC起初试图根据母公司设定的产品规格将单纯的加工业务外包给供应商。CC的产品生产线很长，包括手工插入线、自动焊接机械线和测试程序线等。其中手工插入线的精确度将决定成品的质量和后续的操作效率。如果在元件插入PCB（printed circuit board，印刷电路板）的过程中出现失误，将会导致返工和严重的质量问题。于是，CC改变了PCB的设计，采取SMD（surface mount device，贴片机）和AI（automatic insertion machine，机械自动插件机）的程序来代替手工插入线。CC希望采取新的生产流程来提高整体的生产效率，并决定将那些有问题的程序外包给专业供应商。CC的CEO对其外包动机评论道："总体而言，SMD和AI生产线需要昂贵的设备和系统来完成，同时必然需要配备专业的技术人员来管理和维护其正常运转。如果仅仅依靠公司内部力量，我们需要投入更多的时间和资源来完善稳定这个流程。然而中国已经有了大量公司能够规模生产电子元部件，也具备组装印刷电路板的能力。所以我们没有必要在这方面投入内部资源，与中国那些具有成本优势的、高质量的制造商合作更能帮助公司全方面地提高生产效率。"

　　为了提高成本竞争力和开辟市场，CD在中国设立了LCD（liquid crystal display，液晶显示屏）模组生产基地。然而，应用LCD的最终产品正在经历价格下滑的趋势，这迫使LCD行业本身必须降价以同市场变化保持一致。所以 CD 必须面对现实，提高模组装配程序的整体效率，这涉及成本、运输和质量等各方面。BLU（back light unit，背光模组）组装原本是整个生产流程中的最后一道工序，完成 BLU 组装后，下一步的老化测试要花费很多的时间，从而限制了生产效率的提高，大多数已完成或正在装配的元件都必须积压以等候这一流程的完成。为了解决生产线的瓶颈问题，CD 决定将全线生产中包括 BLU 组装、老化测试和最后检验在内的后期流程整体外包给供应商。也就是说，BLU 供应商将从 CD 领取模板半成品，他们替 CD 完成后期工艺流程，并将包装完备的产品直接发送给 CD 的客户。CD 的 CEO 称此外包为"逆向物流"。CE 外包的产品主要集中在化工行业，他们在中国市场上为日本客户寻找成本低的替代性化工产品。所以他们在选择合作伙伴时最重要的考核因素就是价格稳定和质量合格。

（2）寻求创新的外包

本书表明外资厂商在中国开展的外包都是为了提高效率，然而随着在中国的运营逐渐规范和稳定，他们（CA，CC 和 CE）开始开拓新的商机，利用外部资源为客户创造更高的商业价值。以上案例公司通过外包获得了新的企业实力，并稳固了原有竞争力（CA，CE），甚至敢于尝试和开拓新的产品线（CC）。

CA 将外包从单纯的成品制作扩大到产品设计和制作的全线外包。为了获得理想的效果，CA 持续地在中国市场上寻找和招募合作伙伴，对方必须兼具产品设计能力和制作实力，能够短周期和低成本向市场推出新产品。CC 也在生产、品质和一系列工厂管理活动稳定运行之后，开始为韩国市场在中国寻找小型家电产品供应商。换言之，CC 在原有的产品线外，涉足了一个全新的商业领域，即从中国本土寻找 DVD 播放器和咖啡机等小型家电产品，再供应给韩国知名企业或终端用户。CE 借助自己在中国多年的外包经验和专业知识，自 1998 年起就开始留意中国厂家自主开发的化工新产品，并推荐给日本市场。开发新的化工产品需要大规模的设备和研发投资，所以 CE 明智地决定和那些已具备一定研发和生产能力的化工厂家合作。

在中国，实施寻求效率的外包要比寻求创新的外包简单，一方面，外资企业可以相对容易地找到现有的合格供应商，而寻找和考核创新外包所涉及的供应商是个难题；另一方面，竞争对手也能够利用开放的市场资源达到提高效率的外包目标，所以企业要锁定自身的竞争力优势，单单依靠寻求效率的外包远远不够。CA谈及寻求创新外包的必要性时说："在中国，大多数外资服装公司采取制作外包的方式获取价格优势，然而这只能够帮助一个企业在激烈的市场竞争中生存，却不能够为企业获取持续的竞争优势。我们公司为了持续的发展还在努力寻求具备设计能力的外包供应商，这样我们可以更快地开发多样的设计，能够灵敏响应市场潮流。"

3.4.2　组织控制

（1）结果控制

各案例企业所使用的结果控制包括外包任务的明确描述（CA，CB，CC，CD，CE）、目标成本（CA，CD）、交货时间（CA，CB，CC，CD，CE）、清晰的奖惩条款（CA，CD，CE）等。他们一致认为无论采取哪种形式的外包，明确的输出目标都是至关重要的。

总体而言，寻求效率的外包比较注重规范的操作性流程和任务。例如，CB将内部资源集中于那些数量少但是很复杂的元件生产上，而将那些数额巨大却简单、市场需求稳定的产品外包给其他企业。这种外包能带来高水平的结果绩效，企业利用结果控制能最小化潜在的冲突和供应商的机会主义行为。在进入外包契约阶段时，CA会划分明确的权责界限和奖惩机制。这种做法的优点在于它明确规定了供应商必须及时采取措施应对外包中出现的失误。认真负责的行为和彼此的信任将有利于双方建立长期的商业合作伙伴关系。CC在外包DVD播放器时，由于这是一个和他们现有产品线几乎没有任何关系的新领域，这种外包对他们来说几乎没有任何内部资源可利用。现有的外包研究文献都表明在缺乏具体外包知识的前提下，发包商对供应商的依赖性大大增加，企业必须实施有效的控制机制。于是，CC和一家全球知名的大型韩国企业合作，该企业在家电产品的产销方面都相当成功，所以CC能充分利用他们的专业知识和营销战略来部署外包的各项细节。通过和这家韩国企业在各方面的合作，如供应商挑选、产品设计、软件开发等，CC避开了很多在华外包的潜在风险。而且根据大型合作伙伴的外包知识和指导，CC进一步开发出一整套有效的结果控制列表，如软件的应用、硬件的各项属性检查和明晰的产品规格指标等。CC通过和该大型韩国公司的战略合作制定出有效可行的结果控制标准，从而能够成功地在中国外包他们原本不熟悉的产品。基于外包DVD播放器的成功经验，CC甚至开拓了自己的外包新领域，即和中国厂商合作向韩国市场供应咖啡机。由此可见，结果控制是获得理想的外包效果的一种重要控制机制。CE的外包专员如此来强调结果控制的重要性："你的要求越清晰越详尽越好，这样才能引导他们按照你的设想来操作。"

（2）过程控制

过程控制关注供应商为了达到特定目标而需要执行的步骤和具体活动，而结果控制更偏重最终成果。在本书中，各案例企业采取的过程控制包括指定的业务程序（CA，CB，CD，CE）以及常规和非常规的检查（CA，CB，CC，CD，CE）。

例如，为了保障产品质量，CD派出一个督查团队，经常在BLU供应商处检查，确保他们都严格按照LCD模组的工艺流程生产。CA和CB也派遣项目负责人（CA的外包经理，CB的产品质量经理）到供应商处检查所有的生产细节。尤其新的外包业务开始的时候，这些经理留在供应商的生产基地，根据指导手册提供必要的安装指导和支持，确保流程的有效运作。大多数企业在供应商合格并通过第一次质量检验后会更加信任他们。本书中所有的案例公司在对供应商的信任度加深后，都不同程度地放松了直接督查和其他过程控制等检验标准。例如，CC早期将SMD和AI外包给两家企业，通过一段时间的全面考察和质量检验后，CC维持了和其中一家企业的合作关系。这家供应商曾经和Philips、LG、Samsung以及BenQ有过愉快的合作经历，它是专业的EMS（electronic manufacturing services，电子制造服务）供应商，能够提供从AI和SMD加工到全套的PCB组装服务。基于对供应商的高度信赖，CC不需要对供应商施加任何过程控制。但是如果供应商无法获得企业的预期信任，继续实施过程控制依然是达到理想外包绩效的必要手段。

（3）社会控制

在本书中，实施寻求创新外包的案例企业（CB，CC和CE）积极地采取了明确的社会控制手段。社会控制需要双方在信息共享、价值和愿景等方面的高度沟通。社会控制对于建立长期的合作关系和增进彼此的信任有独到的效果，即使在发生问题和冲突时也不例外。

例如，CA的外包包含了设计和制作两部分，所以他们与供应商的设计部和市场部保持了密切的社会联系。这群人掌握着新产品设计的命脉，并对市场趋势有着敏锐洞察力，所以他们能够和CA分享包括设计式样和原料选择等各个领域的关键信息。因此，社会控制机制中的紧密沟通能够帮助企业吸收利用供应商的资源。在供应商的协助下，CA得以向韩国市场不断推出新产品。

CC的高级执行官频繁地与供应商的同级别管理人员进行交流，共同设定工程的规格和产品设计细节。韩国CEO也来华拜访，向他们介绍韩国市场的增长潜力和营销计划，从而建立稳固的战略伙伴关系。双方共同奋斗的愿景使CC和供应商之间建立深刻的信任关系，帮助他们化解潜在的冲突。有一次CC发现了一批有瑕疵的DVD播放器，这导致整柜货物需要被退回中国进行全面维修。CC的外包项目负责人在回忆这起事故时评论道："如此严重的产品故障原本可能造成互相推诿责任的场面，甚至可能引起合作关系终止的恶果。然而，我们的供应商愿意承担责任，直至整件事故得到完美解决。此次事故反而转变成巩固我们合作关系的契机。外包的风险是客观存在的，所以更要在平时与供应商维持良好的伙伴关系，这样问题发生时，它不会使我们关系破裂，反而促使我们为了解决问题而共同努力。"

社会控制在外包中的重要性由此可见一斑。CE也试图与供应商的关键人物保持良好关系，他们每年都诚邀对方去一次日本。CE的外包专员直白地表明社会控制的重要性："在中国，如果你不能和供应商交朋友，你就不能和他们成为良好的商业合作伙伴。"所以CE的外包业务组经常邀请供应商一起会谈，打造亲密的伙伴关系。

3.4.3　外包绩效

表3.4总结了外包绩效的衡量指标和结果。在寻求效率的外包案例中，所有公司都显示了运营效率（包括财务和生产）和战略方面的满意绩效。对于在华投资的制造企业而言，寻求效率本身就囊括了短期的财务利益和长期的战略价值两方面的内容。由于竞争压力日益增加，如何在整个运营过程中保持高效天然就是一个战略课题。

表3.4　案例企业的外包绩效

具体外包业务		CA		CB	CC		CD	CE	
		制造	设计/制造	制造	制造	研发/制造	制造	制造	研发/制造
运营绩效	成本是否降低	是	是	否	部分	部分	是	是	是
	生产效率是否提高	是	是	部分	是	部分	是	是	部分
	现金流是否改善	是	是	部分	部分	部分	是	是	是
战略绩效	灵活度是否增加	是	是	是	是	部分	是	是	是
	能力是否提高	是	部分	是	部分	部分	是	是	是
	是否集中于核心	是	否	部分	部分	否	是	部分	部分
	外包绩效	非常高	非常高	中等	高	中等	非常高	非常高	高

例如，本书案例中，CD无论是开发、制造还是推广更复杂且具有更高附加值产品方面，都是表现更出色的企业。尽管如此，CD仍然需要压缩成本来保持其竞争优势，他们把LCD的最后组装和成品物流环节外包

给专业供应商（BLU厂商），达到成本降低30%的目标。外包节省了BLU包装和投递运输方面的成本，从而控制了整个供应链成本，同时还因为库存成本减少产生了更多的利益，凡与BLU相关的问题产品都被及时退还到供应商处维修。BLU厂商也增强了自己的实力，添加了LCD模组组装程序。这种灵活的工艺流程显然为发包商和供应商带来了"双赢"的效果。基于这个成功的外包经验，CD后来又顺利找到了两家新的供应商，从而能够满足不断增长的市场需求。同时CD将原先用于最后组装的内部资源转移到产生更多附加值的商业活动中。

CA将制作和新产品设计都外包给中国供应商，这两者都达到了降低成本和提高设计的目标。因此在没有追加额外投资的情况下，CA提升了公司的研发能力以更好地满足韩国市场的需求。时装行业本身需要企业具备成本优势、时尚设计、合格质量和抢先入市等综合实力。CA的外包项目负责人戏称他们的外包实质上是"速度外包"，并高度肯定了在华外包对公司开拓韩国市场所产生的主导作用。CC和CB都只是将部分生产线外包，这种部分外包并非都能降低加工环节的成本。事实上，对于CB而言，外包导致生产成本增加了10%。然而，在没有付出任何大型投资的前提下，CB能够通过外包完成SMD和自动插入的业务，从而提高整体生产效率。CB的副总裁对外包的结果评价道："从短期来看，外包好像增加了我们的成本负担，而从长期而言，外包能够使我们更有效地分配和使用内部资源，我们对这个外包效果是满意的。"

CA，CC和CE都应用了寻求创新的外包。这使得CA和CE能够比竞争对手们更频繁更迅速地向市场推出新产品。CC的高层执行人员很高兴看到公司在没有支出明显额外投资的前提下开拓新的商机。然而另一方面，本书发现寻求创新的外包实质上也寻求效率，并对"效率"的内涵提出了更高的要求。CA的外包专员坦言："外包的确帮助我们更快地向市场推出新产品，并在销售额上有了实质性的增长。然而我们发现外包设计出来的产品风格多样，在一定程度上冲击了主打品牌形象，从长远来看，这可能导致我们丧失竞争力。"这位外包经理人强调，设计外包若要获得长远的成功，企业不仅要根据市场需求挑选服装风格样式，同时要自主推出连续一致的产品来建立独特的品牌形象。

CC在开拓不熟悉的业务时采取了外包战略，他们的总裁评论效率在创新外包中的重要性时说："尽管我们在中国的外包比较成功有效，但是如果市场并不需要这些产品，外包又有何意义呢？"他认为要加强市场营销部和外包业务组之间的紧密合作以达到成功外包的目标。

3.4.4　案例总结

基于以上分析，如表3.5所示，总结了外包战略、组织控制和外包绩效之间的联系。本书对各案例企业在外包战略、组织控制和外包绩效的表现进行了评判打分，用非常高、高、中等、低四个等级依次从高到低表示了各指标的水平。

表3.5　案例企业的外包战略、组织控制及外包绩效的汇总

		CA		CB	CC	CD		CE
外包战略	寻求效率	高	高	中等	高	低	高	高	高
	寻求创新	低	高	低	低	高	低	低	高
组织控制	结果控制	高	高	高	高	高	高	高	高
	过程控制	高	高	中等	低	低	高	高	中等
	社会控制	低	高	低	中等	高	低	中等	高
外包绩效		非常高	非常高	中等	高	中等	非常高	非常高	高

3.5　探讨和研究议案

关于寻求效率的外包，发包方通常都对外包业务的细节具备一定的专业知识，并且设定了具体的程序和输出考核标准。因此，他们倾向于使用结果控制和过程控制来达到提高效率的预期目标。目前的控制理论研究一致认为，在外包业务具有可操作性、输出成果具有可客观衡量性时，过程控制和结果控制都是企业适宜的选择（Das and Teng，2001c；

Eisenhardt，1985；Ouchi，1979）。然而本书发现，中国有一个独特的现象：为了获取理想的外包绩效，在寻求效率的外包中，"关系"是企业在正式控制外不容忽视的经营手段（Davies et al.，1995）。本书中几乎所有的案例企业（CA，CB，CC和CE）都承认了"关系"在他们成功外包中的重要性。换言之，在寻求效率的外包中，正式控制起主导作用，而社会控制则有利于维持良好的"关系"，并激发供应商自愿的忠诚度，从而获得成功的外包绩效。前人的研究曾经得出如下结论：当结果度量性（outcome measurability）与任务可规划性（task programmability）都明确时，正式控制能产生最大效果（Ouchi，1979；Ouchi and Maguire，1975），而社会控制的作用甚微（Das and Teng，2001c；Eisenhardt，1985）。他们认为只有在过程和输出考核标准都不确定的前提下，才有必要使用社会控制。而本书认为在中国特定国情下实施寻求效率的外包时，即使过程和输出衡量都有明晰指标，社会控制也能发挥明显的辅佐功效。

命题1：在寻求效率的外包中必须主要实施正式控制（结果控制和过程控制），同时充分利用社会控制的辅佐功效。

现有的关于国际合资企业的研究理论提出，对于实施寻求创新的外包，当隐性知识和不确定因素增加时，输出考核的量化难度加大，企业相应地需要综合使用社会控制和过程控制机制（Chen et al.，2009）。然而本书发现，在寻求创新的外包过程中获得成功，社会控制和结果控制才是最关键的因素（CA，CC和CE）。社会控制激励供应商积极主动地配合，高度的社会互动帮助企业获取具有商业价值的信息。关于结果控制，我们需要指出的是，当外包的输出考核难以量化时，发包方通常不愿承担此种外包风险。当CC最开始外包DVD播放器这一新产品时，他也是和韩国业内一家成熟企业合作，借助对方的专业知识实施结果控制。不论是寻求创新还是效率，外包在性质上均为通过契约将业务承包给第三方。所以设定明确的输出要求能最小化外包风险和规避供应商的机会主义行为。外包战略中寻求创新和寻求效率两者并行不悖。单纯的寻求创新而不讲求效率则无法满足市场竞争的要求，所以寻求创新的外包天然地也寻求效率。在寻求创新的外包中，过程控制对于达成效率和创新的双目标能发挥辅佐功效。

命题2： 在寻求创新的外包中必须主要实施结果控制和社会控制，同时过程控制能发挥辅佐功效。

从本书中得出的另一发现是，能力信任和关联知识在外包战略与过程控制之间起调节作用。根据 Das 和 Teng（2001c）的观点，信赖分为能力信任（competence trust）和善意信任（goodwill trust）。能力信任是指对合作伙伴完成任务的能力的一种期待和确信，而善意信任则关注对方的善意和正直（Das and Teng，2001c）。善意信任不关注绩效结果，更关心的是与合作伙伴的关系问题，因此本书只考虑与绩效结果和合作伙伴的任务完成能力密切相关的能力信任。

当案例企业感知到他们的供应商拥有充分的能力和资源完成任务、拥有良好的履约声誉、能够实现并保持优越的绩效时，他们认为供应商是值得信赖的。本书发现，在对供应商的能力信任程度较高的情况下，案例企业（CB，CC）感到放心并确信他们的供应商有能力和资源完成外包任务，因此，他们不需要严格进行过程控制。在履行外包任务的过程中，供应商逐渐完善其生产系统，产生了规模经济和学习曲线效应，企业将逐渐弱化过程控制的角色，而更倾向于使用结果控制获得最后的外包成果（CB，CC）。在外包效果不断地反馈过程中，企业对供应商的能力信任度增加，过程控制也会相应地减少。

与能力信任相反，发包方的关联知识对外包战略与过程控制之间的关系产生正的影响。关联知识是指发包方在企业内部拥有的与外包业务有关的知识。当发包方拥有比供应商更多的关联知识时，由于非常了解外包的整个过程，发包方可以根据自身积累的知识有效地进行过程控制并确保预期的外包结果。在案例研究中，当案例企业的生产体系更加先进（CD）或者他们比供应商拥有更加专业的外包知识时（CA，CB，CD，CE），他们就加强过程控制的力度以确保产品质量合格，即发包方拥有的对外包业务有关的知识影响外包战略与过程控制之间的关系。

因为能力信任和关联知识在外包战略与过程控制之间起到重要作用，本书提出如下命题。

命题3：对供应商的能力信任度的增加将会削弱外包战略和过程控制之间的关系，因为发包方将通过结果控制来确保最后的外包绩效。

命题4：发包方对外包业务的熟练度和专业知识将会增强外包战略和过程控制之间的关系，因为发包方需要通过过程控制来确保更好的质量监控。

失控是外包战略失败的主要原因。本书研究中的所有案例企业都综合使用了不同的控制机制以获得理想的外包结果。前人的研究侧重于不同的外包强度将如何影响外包绩效或公司的整体运营效果，他们的研究结果并没有得出一致客观的结论。尽管企业采取外包的目的都是降低成本和提高效率以及获取创新实力，但是并非所有企业都达到了其初始目标。我们的实证案例表明，在不同的环境下需要综合采取不同的控制机制以获得满意的外包结果。我们根据案例研究给出了一个修改模型，如图3.3所示。

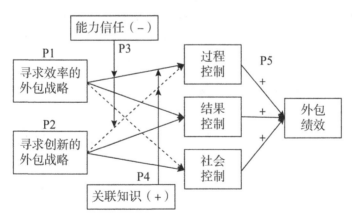

图3.3 修正后的研究概念模型

命题5：控制机制和外包绩效正相关。

3.6 案例研究结论

在目前激烈动荡的市场环境下，许多企业出于对战略竞争力优势的考虑都扩大了外包的范围和规模。前人的研究已经涉及企业外包的实际操作，包括外包动机、过程和结果等。然而超过50%的企业对其外包结果依然表示失望。本案例研究就是针对这种外包现象而进行的。

本书通过对五家企业的探索性案例研究提出了5个命题，从中探析了外包战略、组织控制与外包绩效的关系机制。本书认为企业需要根据外包的战略目标采取合适的控制机制以达到成功的外包绩效。文中的实证案例表明不同的外包战略应采取不同的控制机制。本案例研究强调，在寻求效率的外包中必须主要实施结果控制和过程控制，同时充分利用社会控制的补充功效；在寻求创新的外包中必须主要实施结果控制和社会控制，同时过程控制能发挥补充功效。结果控制有利于处理矛盾因素和克服机会主义行为，它帮助企业和供应商共同致力于解决问题，以达成有效的外包结果。而过程控制是一个动态的过程，当外包效果反馈令人满意时，企业对供应商的能力信任度将增加，过程控制的作用会减弱。成功的过程控制需要企业具备对于外包业务的了解和专业知识。

虽然本书通过案例研究提出了假设命题和初始概念模型，但本案例研究所涉及的企业数有限，尤其是关于寻求创新的外包案例不够广泛，本书集中于在华外资制造业，因此其结论可能并不适用于软件外包和服务外包等行业。在下一章中，本书将在借鉴相关研究的基础上对案例研究所提出的命题做进一步展开和论证，然后进行大样本的统计实证研究。

4 提升外包绩效的组织控制方案

本章是在第3章提出的外包战略、组织控制与外包绩效之间作用机制的概念模型与相应的研究假设的基础上，经问卷设计、变量度量、数据收集、数据的信度和效度检验以及多元回归分析，以166家在华经营的制造企业为样本对提出的研究假设进行验证。研究结果表明，寻求效率的外包战略能通过促进结果控制、过程控制和社会控制而正向影响外包绩效；寻求创新的外包战略能通过促进社会控制和过程控制而正向影响外包绩效。此外，关联知识在寻求效率的外包战略与过程控制关系中起正向调节作用；能力信任在寻求效率的外包战略与过程控制关系中起负向调节作用。本章还对统计实证研究结果进一步进行了详细讨论。

4.1 引 言

外包领域的现有研究对于组织控制的研究并不多，尤其是缺乏大样本的实证研究。大部分的研究涉及外包与绩效之间的关系，而这些研究得出了不同的结果。外包活动本身是一个复杂的过程，如果要系统地了解外包业务，仅仅考察外包强度和绩效之间的关系是远远不够的。因此，有必要从整体上建立一个影响外包绩效的研究模型。基于此，本章将外包战略和组织控制纳入研究模型之中，综合地看待不同的外包战略与组织之间的控制在外包过程中所发挥的作用。根据第3章的案例研究得到的初始概念模型，本章提出具体的研究假设，构建企业的外包战略、组织控制与外包绩效关系的概念模型。本章提出的研究模型的主要特点是，外包的绩效主要取决于组织控制的实施，有效的组织控制能够降低外包的风险并提高外包绩效；而不同的外包战略需要不同的组织控制行为。同时，本章在理论分析和案例研究的基础上，引入了关联知识与能力信任两个变量，并认为关联知识在外包战略与过程控制的关系中起正向调节作用，能力信任在外包战略与过程控制的关系中起负向调节作用。

4.2 理论与假设

外包战略是企业从长远出发，为了获取可持续的竞争优势而采取的一种跨组织的商业发展模式（Charles and Ochieng，2023；Nandakumar et al.，2010；Sertan and Sungmin，2007；Jarratt and Fayed，2001）。学者们根据外包项目的特征、战略价值和驱动因素将外包战略分为外围业务外包和核心业务外包（Gambal et al.，2022；Gilley and Rasheed，2000）、成本效益的外包和战略效益的外包（Kremic et al.，2006）、低成本导向的外包和创新导向的外包、过程导向型外包和项目导向型外包（Power et al.，2006）。相应地，本书将从寻求效率和寻求创新这两大视角对外包进行深度探讨。

Li 等（2008）强调企业通过外包业务想要获取隐性知识的战略意图会影响组织控制机制。研究外包的学者们也强调外包的战略目的将极大地影响在执行外包中的组织行为（Bengtsson et al.，2009；Hartmann et al.，2008）。Chen 等（2009）也强调组织控制是战略执行的关键因素。因此，企业通过外包寻求效率或创新的时候，为了排除外包的风险和达到预期的外包目标，在组织之间的互动过程中需要采用组织控制。另外，不同的外包战略需要实施不同的组织控制。

影响组织控制选择的重要因素是外包战略的核心特征。不同的外包战略需要不同的组织控制来支持，才能获得较好的结果。因此，外包战略的特征对于组织控制的选择机制具有重要的导向作用，即寻求效率或创新的强弱不同的外包战略需要进行不同的组织控制。恰当的控制机制是有效达成企业具体外包目标的必要步骤。外包的战略意图（寻求效率的外包战略或寻求创新的外包战略）会极大地影响企业采取哪一种具体的组织控制（结果控制、过程控制和社会控制）。

4.2.1 外包战略与组织控制

寻求效率的外包主要是把重复性的非核心业务承包给外部专业供应商，从而降低成本和提高劳动生产率（Lahiri et al., 2022; Liu et al., 2010）。采取这种战略的企业想通过外包减少固定资产投资，同时提高整体效率。在传统的家电和服装制造业中，成本和运营效率无疑是获取竞争力优势的决定性要素。这类企业的外包以寻求效率为主，业务涉及日常重复性的劳动、可预见的市场需求以及生命周期长的产品。因此，寻求效率的外包战略的特征是其结果和过程的可测性较高，模糊性和不确定性较低。根据控制理论研究的结果（Qian et al., 2020; Das and Teng, 2001c, 1998a; Ouchi, 1979; Ouchi and Maguire, 1975），当企业采用这类外包战略时，常通过结果控制和过程控制来有效地进行外包战略。正式控制（结果控制和过程控制）在达成具体可见成果时卓有成效（控制外包风险和提高质量水平），也能够减少或规避机会主义行为和相关的风险（Zhao et al., 2022; Das and Teng, 2001c）。

按照过去的控制理论研究，由于寻求效率的外包战略对外包业务的可测性高，因此它不需要实施社会控制。学者们认为只有在过程和结果考核标准都不确切的前提下，才有必要使用社会控制（Das and Teng, 2001c; Eisenhardt, 1985）。但根据探索性案例研究的结果，在华执行寻求效率的外包战略时，即使外包业务的过程和结果的可测性很高，社会控制仍然能发挥作用。不管外包业务的结果可度量性（outcome measurability）与任务可规划性（task programmability）是高还是低，企业都能够通过社会控制与供应商建立良好的关系，并提高供应商的忠诚度，从而获得满意的外包绩效。因此，社会控制会影响寻求效率的外包战略的结果。

根据上述理论分析和案例研究中的发现，本书提出如下假设。

假设 1：企业越重视寻求效率的外包战略，结果控制实施力度则越大。

假设 2：企业越重视寻求效率的外包战略，过程控制实施力度则越大。

假设 3：企业越重视寻求效率的外包战略，社会控制实施力度则越大。

寻求创新的外包企业注重充分利用外部资源发展和提升自我创新能力。在日新月异的市场环境中，没有任何一个企业能够单单依靠内部的研发部门就能源源不断地向市场推陈出新（Langlois，1990），所以他们很快就意识到和外部供应商合作以取长补短的必要性（Johnsen et al.，2006；Arnold，2000）。因此外包在企业研发新技术的部门中的战略地位日益提高（Bengtsson et al.，2009；Leiblein et al.，2002）。事实表明，越来越多的企业将外包的范围由以前的简单重复性非核心业务扩展到复杂的核心业务（Edvardsson et al.，2020；Sen et al.，2020；Bengtsson et al.，2009）。换言之，寻求创新的外包主要是为了充分利用市场平台所提供的高新技术和供应商所提供的学习机会等（Weigelt，2009）。因此，寻求创新的外包战略的特征是其模糊性和不确定性较高，过程和结果的可测性较低。根据控制理论研究的结果（Malek et al.，2022；Yang et al.，2022；Das and Teng，2001c，1998a；Ouchi，1979；Ouchi and Maguire，1975），当企业采用此类外包战略时，常通过社会控制来有效地进行外包战略。

Li 等（2008）强调，当外包业务含有较多不确定因素和模糊性时，社会控制能够有效地帮助企业通过外包业务获得隐性知识。对于隐性知识，企业无法量化其效果，但仅仅采取正式控制是不够的。寻求创新的外包增加了对供应商完成复杂业务的要求，在此情况下，社会控制有助于减少关键信息的不确定性和模糊度，并提高供应商的忠诚度，从而达成预期的外包目标。另外，Li 等（2008）还强调了在中国的情境中正式控制的重要性。他们强调，虽然目前中国的法律体系和声誉机制越来完善，但依然薄弱，在这样的情况下，企业只靠社会控制进行企业间的合作会带来合作伙伴的机会主义行为，会引起合作的失败。因此，在华经营的企业为了有效地进行寻求创新的外包战略，还需要实施正式控制（结果控制和过程控制），从而减少供应商的机会主义行为。

根据上述理论分析和案例研究中的发现，本书提出如下假设。

假设4：企业越重视寻求创新的外包战略，结果控制实施力度则越大。

假设5：企业越重视寻求创新的外包战略，过程控制实施力度则越大。

假设6：企业越重视寻求创新的外包战略，社会控制实施力度则越大。

4.2.2 组织控制与外包绩效

事实表明并非所有的外包都带来了令人满意的效果。成功的外包要求企业通过降低成本和有效分配资源来集中建设核心能力。在实施外包的实际过程中，企业可能会面临交易成本增加、丧失竞争力源泉、内部业务分裂、供应商机会主义行为、创新主导能力丧失、对外界的依赖度和脆弱性加大等实际风险（Zhao et al.，2022；Dana et al.，2021；Kotabe et al.，2008；Kremic et al.，2006；Lau and Zhang，2006；Harland et al.，2005；DiRomualdo and Gurbaxani，1998）。如果企业不针对这些风险实施有效的控制手段，最终将导致竞争优势丧失这一严重后果。目前大量的学者投入到对外包利弊的考核中，他们的结论一致认为，对供应商的失控是外包的致命性弊端（Korucuk et al.，2022；Kotabe et al.，2008；Kremic et al.，2006；Davies et al.，1995；Quinn and Hillmer，1995）。恰当的控制机制将从整体上降低风险要素（如关系风险和绩效风险）（Das and Teng，2001c；Bozarth et al.，1998），并最大化其利好效果，从而产生积极的外包绩效。综上所述，本书提出如下假设。

假设7：组织控制的结果控制实施力度对外包绩效具有正向的影响作用。

假设8：组织控制的过程控制实施力度对外包绩效具有正向的影响作用。

假设9：组织控制的社会控制实施力度对外包绩效具有正向的影响作用。

本书的研究表明，外包战略能够带来组织控制行为的改变，从而间接影响外包绩效。具体的作用过程是，企业外包战略意图和特点的差异，使企业获取不同的外部市场的信息和资源，并感受到外包业务过程中不同的外包风险，从而对企业的组织控制行为产生影响。不同的外包战略会促进不同的组织控制，从而通过适当的组织控制带来外包绩效的改变。这种中介效应的理论逻辑（战略意图—组织控制—绩效）也暗含在其他研究当中（Chen et al.，2009；Busi and McIvor，2008）。因此，本书提出假设如下。

假设10：结果控制在寻求效率外包战略影响外包绩效的关系中起中介作用。

假设11：结果控制在寻求创新外包战略影响外包绩效的关系中起中介作用。

假设12：过程控制在寻求效率外包战略影响外包绩效的关系中起中介作用。

假设13：过程控制在寻求创新外包战略影响外包绩效的关系中起中介作用。

假设14：社会控制在寻求效率外包战略影响外包绩效的关系中起中介作用。

假设15：社会控制在寻求创新外包战略影响外包绩效的关系中起中介作用。

4.2.3 关联知识和能力信任的调节作用

虽然外包可以使企业获取一项新技术，但它并不能保证企业能够整合此技术与现有业务流程（Weigelt，2009）。企业把一些研发活动转移给外部合作伙伴，但是其企业内部还需要具备一定的关联知识，才能有效地控制研发外包活动。企业内部拥有的技术能力有利于解决在技术不确定的情况下发生的一些技术问题（Edvardsson et al.，2021；Cui et al.，2009）。企业常常外包新技术或知识产权，正是因为其内部缺少这种技术。但企业还是需要具备一定的关联知识，这样才能有效地吸收和整合获取的知识（Khraishi et al.，2023；Cui et al.，2009）。与外包相关的知识会影响企业的吸收能力，并使企业有效地控制外包的过程。Lacity 等（1995）在研究中发现不少企业在不熟悉的业务上采用外包，是因为其内部缺少一些技术，这些企业认为应当采用外包。但这些企业在外包过程中容易失控，最终导致失败。企业进行外包的时候，只有具备与外包关联的知识，才能有效地控制外包过程并达成原先的外包目标。

因此，与外包关联的知识可能会对外包战略与过程控制之间的关系产生影响。当企业拥有较多的关联知识时，由于企业非常了解外包的整个过程，企业可以根据自身已经积累的知识有效地控制外包业务的进行过程，企业也能够比较容易根据外包经验控制供应商的行为。因此，与外包关联的知识的拥有量在外包战略与过程控制的制定与实施中将起到重要作用。

因此，本书提出如下假设。

假设16：关联知识在寻求效率的外包战略与过程控制的关系中起正向调节作用。

假设17：关联知识在寻求创新的外包战略与过程控制的关系中起正向调节作用。

信任是相信对方的可靠性、诚信和性能。信任总是存在于两个实体之间，是主观性的评估（Sun et al.，2023；Das and Teng，2004，1998a；王莉苹、杨寿保，2004）。Nooteboom（1996）提出，信任是合约履行能力，或是愿意承担责任的意图。Das 和 Teng（2001c）认同 Nooteboom（1996）的观点并把组织间的信赖分为能力信任（competence trust）和善意信任（goodwill trust）。基于前面探索性案例研究的结果，本书将只考虑能力信任。能力信任是指对合作伙伴的能力和专家知识的感知（Han et al.，2021；刘学等，2006；Lui and Ngo，2004a；Das and Teng，2001c）。

在外包中对供应商能力的信任可以降低关系风险和绩效风险（Das and Teng，2001a）。能力信任是一种确信，即企业因为供应商有足够规模的经济能力、技术能力和生产能力，而非常相信供应商能够完成任务。只要企业根据供应商的能力和声誉而确信对方是可靠的，那么能力信任就会存在。信任在企业间关系中起非常重要的作用（Sahay，2003）。比如，在供应链的环境中，组织间的信任关系可以提高供应商的响应性（Handfield and Bechtel，2002），而且信任关系有助于更经济地降低业务的复杂性（Han et al.，2021；Anderson and Narus，1990）。因此，信任会影响或改变组织间关系与协调机制的特性。

在对供应商能力的信任度较低的情况下，企业为了成功执行外包战略将可能加强对正式控制的执行力度。相反，对供应商能力的信任度越高，企业对供应商有足够能力和知识完成期望结果的信心则越强，因而在外包过程中不需要严格进行所需要的控制活动。根据上述分析，对供应商的能力信任在外包战略与过程控制之间关系中起到负向调节作用，即在对供应商能力信任度高的环境中，外包战略与过程控制之间呈现更大的负相关关系。

因此，本书提出如下假设。

假设18：对供应商能力的信任在寻求效率的外包战略与过程控制的关系中起负向调节作用。

假设19：对供应商能力的信任在寻求创新的外包战略与过程控制的关系中起负向调节作用。

4.3　研究方法

本书采用将已有的研究量表与企业以及专家访谈有机结合的方法，对调查问卷设计进行了修订，修订后经由问卷调查、数据收集、数据统计分析等步骤进行实证研究。本章首先将详细介绍实证研究的问卷设计、变量度量、数据收集和描述性统计分析。

4.3.1 问卷设计

本书的研究对象是企业与第三方企业的外包业务关系中进行的组织之间控制活动，由于所需数据无法从公开资料中获得，因此本书选择了问卷调查的数据收集方式。按照研究问题设计好问卷，是科学研究中一项非常重要的过程。统计数据的质量是实证研究的关键因素，因为它直接影响到研究的可靠性和有效性。本书为了确保数据的质量，根据 Dunn（1994）和 Churchill（1979a）等的建议，严格遵循了以下过程。

（1）设计问卷初稿

笔者阅读了大量有关外包战略、组织控制、外包绩效、关联知识以及能力信任的相关文献，借鉴了相关理论与实证研究的变量测度，并通过对多家企业进行田野调研，设计了问卷初稿。

（2）征询专家意见

专家包括学术界的学者和企业界的专家。问卷初稿形成之后，笔者采用面谈和电子邮件的方式，向在理论研究和实践领域有丰富经验的学者和企业界的专家征求意见。在征询专家阶段，笔者邀请了九位专家，其中四位战略和创新管理研究领域的专家（他们来自浙江大学、浙江师范大学和中国计量大学），两位供应链管理领域的专家（他们来自美国托莱多大学、日本东京大学），两位多年从事采购管理和外包管理的工作者，一位从事咨询业的工作者。在具体的问卷内容上，专家们分别提出了一些修正意见。笔者根据各专家的意见征询结果对问卷初稿进行了修改。

比如，在寻求效率的外包的指标部分，将"重视降低成本""利用供应商的低劳动成本"和"利用供应商在重复性业务中的相关专业设备和人员"分别改为"重视成本的削减""利用供应商的劳动力成本优势"和"利用供应商在重复性业务上的专业设备和人员"。

在结果控制的指标部分，将"与供应商明确制定外包业务的整体目标"改为"对供应商制定明确的外包业务整体目标"。此外，"重视对外包结果的惩罚或奖励措施"题项可能较为模糊，因此，本书参考专家们的意见和 Chen 等（2009）采用的指标，并将此题项改为两个题项："严格评价外包业务的结果"和"根据外包结果的评价，对供应商进行相应的惩罚或奖励措施（如对优秀的供应商增加订单量）"。

（3）问卷的预测试

笔者将问卷发给五位采购管理人员进行预测试。采购和外包业务是有非常高的相关性的，两者都需要考虑成本及与供应商的合作。科尔尼管理咨询公司的调查（Monczka et al.，2005）表明，采购组织参与外包活动和外包活动最终获得成功之间有密切的相关性。近 80% 的受访者称，他们的调查采购组织高水平地参与了战略性的外包过程。约三分之二的受访者表明他们的采购组织积极参与外包策略规划过程。由于采购和外包业务之间的相关性非常高，所以采购人员对外包业务的参与程度也非常高，笔者认为采购组织是较为理想的调查对象。根据预测试的数据分析结果，笔者对问卷测项进行了进一步调整与修改，形成了调查问卷的终稿。

根据预测试的数据分析结果，对问卷测试进行了进一步调整与修改，形成了调查问卷的终稿，详见附录二。

4.3.2 变量度量

下面将对第 4 章的概念模型中涉及的变量的度量进行说明，这些变量包括外包绩效（被解释变量）、组织控制（中介变量）、外包战略（解释变量）、关联知识和能力信任（调节变量），以及相关的控制变量。本书对这些变量均采用 7 级 Likert 量表的度量法处理，从 1 到 7 分别表示从非常不同意（或非常不满意）到非常同意（或非常满意），4 为中间态度。

（1）外包绩效（被解释变量）

企业应用外包的目的是多方面的（Bengtsson et al.，2009），单一的指标很难反映外包的总体绩效，因此学者们一般采用多指标来度量外包绩效（Bengtsson et al.，2009；Lopez and McMillan-Capehart，2009；Gilley and Rasheed，2000；Kotabe et al.，1998）。外包对绩效的影响研究方面，可以分为外包结果绩效和企业绩效。比如，Ren 等（2010）、Bengtsson 等（2009）、Handley 和 Benton（2009）、Grover 等（1996）等在有关外包的实证研究中，均采用了外包层面的绩效。本书设计的外包绩效是组织控制对外包结果影响的研究，而不是外包对企业层次的绩效研究。因此，本书在测度外包绩效时没有考虑企业层面的绩效，而是重点考虑对外包项目层面的外包结果的满意度。借助学者们对外包绩效的定义，本书设计的外包绩效评价指标主要分为外包的运营绩效和战略绩效指标。

目前，学术界采用了各种指标来描述外包业务的运营绩效，主要有降低成本、提高业务运转效率、改善现金流、有效的投资、外包业务的品质和交货及时性等（Bengtsson et al.，2009；Merchant，1982）。学术界对外包战略绩效采用的主要指标包括企业竞争力的改善、集中核心能力的培养、提高柔性等（Lopez and McMillan-Capehart，2009；Merchant，1982；Thaler and Shefrin，1981）。因此，借鉴上述学者的研究，本书确定了9个题项来测度对外包结果的满意度。整理之后，外包绩效的测度，如表4.1所示。

表4.1　外包绩效的测度

	题项	依据或来源
运营绩效	OP1. 成本的降低 OP2. 现金流的改善 OP3. 交货及时性 OP4. 良好的产品或服务质量	Bengtsson et al., 2009；Handley and Benton, 2009；Lopez and McMillan-Capehart, 2009；Thaler and Shefrin, 1981
战略绩效	OP5. 提高组织的灵活性(柔性) OP6. 更集中于内部核心能力 OP7. 竞争力的提高 OP8. 生产率的提高 OP9. 更灵活地满足客户的需求	

（2）组织控制（中介变量）

根据前文所提出的组织控制的定义，在外包中的组织控制是指为了实现外包的目标，对外包活动和供应商进行监督、评价和反馈的一系列管理过程（Chen and Li, 2008; Tiwana and Keil, 2007; Kirsch et al., 2002; Ouchi, 1979）。本书中的组织控制分为结果控制、过程控制和社会控制，这种分类方式至今仍被学术界广泛认同并采纳（Chen et al., 2009; Das and Teng, 2001c）。沿着学术界对组织控制的研究（Chen et al., 2009; Li et al., 2008; Tiwana and Keil, 2007; Das and Teng, 2001c; Ouchi, 1979），本书根据实地调研的结果适当修正了结果控制、过程控制和社会控制的测度指标。具体测量题项，如表4.2所示。

表4.2　组织控制的测度

	题项	依据或来源
结果控制	OC1.对供应商制定明确的外包业务整体目标 OC2.跟供应商明确外包业务的详细指标 OC3.严格评价外包业务的结果 OC4.根据外包结果的评价,对供应商进行相应的惩罚或奖励措施	Chen et al., 2009; Li et al., 2008; Tiwana and Keil, 2007; Das and Teng, 2001c; Ouchi, 1979
过程控制	PC1.严格要求供应商按照业务程序(标准)进行外包业务 PC2.严格要求供应商报告外包业务进行情况 PC3.明确制定外包业务的工作描述 PC4.积极监督和跟踪供应商按计划进行外包业务	
社会控制	SC1.与供应商积极共享公司的目标或发展计划 SC2.与供应商积极互动(包括非正式的沟通) SC3.给供应商进行培训或讲座 SC4.与供应商保持好的关系	

（3）外包战略（解释变量）

根据前文所提出的概念模型，外包战略分为寻求效率的外包战略和寻求创新的外包战略。寻求效率的外包战略是以基于供应商的规模经济来实现降低成本和提高运转效率的战略，寻求创新的外包战略是以基于外部供应商的专业知识或技术来获取创新能力的战略。本书借鉴 Ren 等（2010）、伍蓓（2010）、Bengtsson 等（2009）以及 Embleton 和 Wright（1998）的研究，根据实地调研的结果适当修正了寻求效率和寻求创新的外包战略的测度指标。根据上述学者的研究，本书确定了 4 个题项来测度寻求效率的外包战略和寻求创新的外包战略。整理之后，外包战略的测度，如表 4.3 所示。

表 4.3　外包战略的测度

	题项	依据或来源
寻求 效率	ES1.非常重视降低成本 ES2.非常重视从供应商的规模经济中获取效率 ES3.供应商的低劳动成本 ES4.供应商对反复性业务的高熟练程度	Liu et al., 2010; Bengtsson et al., 2009; Embleton and Wright, 1998; Merchant, 1982
寻求 创新	IS1.非常重视从供应商处获取学习机会或创新能力 IS2.非常重视从供应商处获取新产品或新技术 IS3.非常重视通过外包缩短新产品开发的时间 IS4.利用供应商的专业人才	

（4）关联知识和能力信任（调节变量）

在本书中关联知识指的是发包方拥有的与外包业务有关的知识，包括外包业务的详细指标、业务进行的程序和标准、技术拥有程度等。本书借鉴 Ren 等（2010）、Parmigiani 和 Mitchell（2009）的研究，确定了 5 个题项来测度关联知识。能力信任是指在组织间的关系中，对供应商的能力和专家知识的感知。因此，本书度量能力信任时，根据前人的研究（刘学等，2006；Lui and Ngo，2004a），从感知供应商的声誉和专家资源来测度。具体测量题项，如表 4.4 所示。

表4.4　关联知识和能力信任的测度

	题项	依据或来源
关联知识	KN1.我们熟悉有关外包业务的详细指标 KN2.我们熟悉有关外包业务的整个进行过程 KN3.外包过程中发生问题的时候,我们通常知道问题的原因 KN4.外包过程中,我们知道监控供应商的关键因素 KN5.我们对外包有充分的经验	Parmigiani and Mitchell, 2009; Merchant, 1982
能力信任	TR1.供应商拥有充分的能力和资源完成任务 TR2.供应商拥有良好的履约声誉 TR3.供应商是值得我们信赖的	刘学等, 2006; Lui and Ngo, 2004a

（5）控制变量

本书将对外包战略与外包绩效影响较大的几个变量进行控制，这些变量分别是企业规模、企业年龄与企业所处的行业，虽然这些变量不是本章研究的变量，但其对外包战略与外包绩效的研究结果会产生影响，因而需要在实证研究的数据分析中进行相应的控制。

通常大企业具有更丰富的资源和更强的能力，从而能够更顺利地执行企业行为和获取预期绩效（Weigelt，2009）。因此，企业规模会对外包业务中的组织控制和外包绩效产生影响。本书将企业员工总数的自然对数值作为企业规模变量进行测度。企业年龄也会影响企业外包业务中的组织控制和外包绩效，经营时间较长的企业往往积累更多的知识、资源和能力（许冠南，2008；郑素丽，2008；刘雪锋，2007），能更有效地进行组织控制行为，同时影响外包绩效。另外，本书使用虚拟变量来表征企业所处的行业，"0"表示化工、机械和纺织等传统行业，"1"表示企业所处的行业为电子及通信设备制造、软件、生物医药、新材料等高科技行业。行业的不同有可能影响不同的外包过程和结果行为的可测性，因而影响企业在外包过程中执行的组织控制的选择。

4.3.3　数据收集

本书的分析对象是企业的外包项目，对象企业是在华经营的企业，包括外商独资企业、外商合资企业、国有企业和民营企业。在具体的调研对象选择上，本书主要考虑在该企业具有工作经验的高层管理人员和中层管理人员，相对而言，中高层管理人员较熟悉外包的战略和实际操作的整体情况，能够回答问卷中与外包有关的问题。

问卷发放方式和途径包括实地访谈、电子邮件和委托专业问卷调查公司。采用实地访谈的方式共发放问卷10份，回收问卷10份，其中有效问卷8份，有效率为80%。采用电子邮件方式共发放问卷65份，回收问卷37份，其中有效问卷31份，有效率约为47.69%。采用委托专业问卷调查公司代为发放方式收集数据时，为了获取可靠的问卷数据，笔者采取了以下几种措施。其一，选择信任度高的专业问卷调查公司。该问卷调查公司的在线服务已获得很多用户的认可，并拥有知名企业、咨询公司、科研机构以及高校等广泛的客户群，如步步高、飞利浦、德勤咨询、中国电信、山东省国税局、中国人民银行、南方都市报以及全国各大高校。因此，笔者认为该问卷调查公司具有一定的能力和声誉。其二，设置防止漏填的提示。笔者借用该公司网站的问卷设计平台设计了本书的问卷。当填写者在问卷填写时，可能由于各种原因漏填一些问卷题项，造成数据缺失，因此在网站上设计问卷时，为了避免样本缺失问题，若填写者漏填，网页会自动提示填写的答案不符合要求，从而保证完整的填写。其三，控制填写时间。填写者会随意填写问卷的题项，笔者为了挑选这些无效问卷，计算了填写者答题的时间。若填写的时间少于200秒，便将其判定为无效问卷。其四，为了避免同一人重复参与问卷调查，填写问卷的网页禁止同一个IP地址重复填写。在网页上发布问卷之后，总共2654人访问了此网站，396人参与了问卷调查，其中回收了有效问卷127份。最终用于研究模型检验的问卷数量为166份。

4.3.4　描述性统计分析

在问卷中设置了一些企业基本统计信息题项。从回收的样本来看，填写问卷的企业的平均在华成立年数为14.87年。本书样本涉及的行业包括电子及通信设备制造、软件、生物医药、化工、新材料、机械和纺织等，从用于研究模型检验的166份问卷来看，回收的样本企业的行业分布较均匀。企业产权性质涵盖外商合资、外商独资、国有和民营，样本分布得较均匀，没有出现哪一企业性质偏多的情况。从样本企业的员工人数和年销售收入来看，企业规模涵盖大中小型企业，其分布较均匀。表4.5为样本的基本统计信息。

表4.5　样本企业基本信息

企业属性	企业特征分类	样本数	百分比/%
企业年龄	2年以下	4	2.41
	2~5年	15	9.04
	5~10年	56	33.73
	10年以上	91	54.82
产权性质	外商合资	42	25.30
	外商独资	39	23.49
	国有	18	10.85
	民营	55	33.13
	其他	12	7.23
企业员工数量	100人及以下	49	29.52
	101~250人	21	12.65
	251~500人	30	18.07
	501~1000人	25	15.06
	1001人以上	41	24.70
年销售收入	500万元以下	30	18.07
	500万~3000万元	48	28.92
	3000万~3亿元	52	31.32
	3亿元以上	36	21.69

企业属性	企业特征分类	样本数	百分比/%
所在行业	电子及通信设备制造	37	22.29
	软件	17	10.24
	生物医药	12	7.23
	化工	8	4.82
	新材料	7	4.21
	机械	19	11.45
	纺织	18	10.84
	其他	48	28.92

4.4　外包战略影响外包绩效机制统计实证研究结果

根据上述研究设计，本章进行实证检验并陈述研究结果。首先，进行效度和信度检验；然后，展开多元回归分析并进行假设的检验；最后，对该研究结果进行讨论。

4.4.1　效度和信度检验

跟所有的统计分析一样，对大样本数据的回归分析能否顺利进行，其重要前提是样本数据完整而且有效。为了正确地进行回归分析，需要对回收的数据进行效度和信度检验。

效度（validity），测量到真值的程度（马庆国，2005），它是指测量工具能够准确测量到所测的变量的程度，即测量结果的有效性程度。效度的种类很多，目前被广泛采用的分类方法是将效度分为内容效度（content validity）、构思效度（construct validity）和准则效度（criteria-related validity）（Cooper et al.，2005）。本书采用内容效度和构思效度来确保测量结果的有效性。内容效度指的是量表内容的适当程度，本书为了确保内容效度，另外请一批专家对量表的内容做了评估，并进行进一步的修改。因此，本书量表的内容效度在一定程度上是高的。构思效度指的是能够测量出理论的特质或概念的程度。构思效度一般以理论逻辑为基础，同时根据实际的数据来检验理论的正确性，因此是一种非常重要的效度指标（林嵩，2007）。在过去的研究中，构思效度的检验经常采用的是因子分析方法。

本书首先针对研究模型中涉及的外包战略、组织控制、能力信任、关联知识和外包绩效等变量进行了因子分析，从中检验构思效度。在进行因子分析之前，需要检验变量之间的相关性，其方法包括 KMO（Kaiser-Meyer-Olkin）样本测度和 Bartlett 球形检验（马庆国，2002）。KMO 值用来检验变量间的偏相关性，即比较各变量间的简单相关系数和偏相关系数的大小（马庆国，2002）。KMO 值在 0～1，若其值接近 1，表示非常适合做因子分析；若 KMO 值过小，表示不适合做因子分析。Bartlett 球形检验用来检验相关矩阵是否为单位矩阵（原假设是相关矩阵为单位矩阵），若接受原假设，则表明不适合做因子分析（马庆国，2002；Hair Jr et al.，1995）。一般而言，样本数据的 KMO 值在 0.7 以上，Bartlett 统计值显著异于零时，适合进一步做因子分析（马庆国，2002）。在验证样本数据是否满足因子分析的前提条件之后，本书对各变量进行因子分析。一般认为因子载荷系数大于 0.5 时，才能满足量表的有效性（Hair Jr et al.，1995）。

进行因子分析时对于样本规模有一定的要求。若样本数小于 50，学者们一般不做因子分析，适合的样本数量应当大于 100，或者样本数量达到变量数的 5～10 倍即可（Hair Jr et al.，1995）。因此，本书对收集的 166 份有效问卷进行因子分析是合理的。

信度（reliability）指可靠性，是测量结果的稳定性或一致性（马庆国，2005），即测量工具能否稳定地测量所测的变量。检查信度的方法有许多种，包括最简单的重测信度（test-retest reliability）、复本信度（equivalent form reliability）、内部一致信度（internal consistency reliability）

和平均者信度（inter-observer reliability）（马庆国，2005）。本书采用内部一致信度进行信度检验，具体利用Cronbach's α系数来检验测量工具的题项之间的内部一致性。在社会科学研究领域，Cronbach's α系数相对来说是目前最普遍采用的方法。一般来说，问卷的α系数应达到0.7以上，才能确保测量工具的信度。本书首先检验修正后的题项与量表的总体相关系数（corrected item-total correlation，CITC），同时通过Cronbach's α系数来评价变量测度的信度。下面是本书对各变量进行效度和信度检验的结果。

（1）被解释变量——外包绩效

首先本书对外包绩效的调查问卷的结果做相关性检验，分析的结果显示，KMO值为0.876（大于0.7），Bartlett统计值异于0，即相关矩阵不是单位矩阵。这说明外包绩效量表的指标之间具有相关性，适合进一步进行因子分析。然后本书对外包绩效的9个题项进行主成分因子分析。如表4.6所示，各题项归为一个因子，该因子的累积解释变差为49.010%，各因子载荷大于0.5（最大值为0.743，最小值为0.652）。由此可见，外包绩效的量表具有较好的效度。

表4.6　外包绩效的探索性因子分析

变量	题项（简写）	因子载荷
		1
外包绩效	OP1	0.679
	OP2	0.652
	OP3	0.671
	OP4	0.706
	OP5	0.740
	OP6	0.743
	OP7	0.723
	OP8	0.687
	OP9	0.694

注：KMO值为0.876，Barlett统计值显著异于0（$P < 0.001$）。

在进行了外包绩效的效度检验之后，笔者对外包绩效进行了信度检验，如表4.7所示。从表中可以看出，题项与量表的总体相关系数（CITC）都大于0.35，同时所有题项的Cronbach's α值均大于0.70。由此可见，本书外包绩效变量的测度量表具有较高的信度。

表4.7　外包绩效量表的信度检验

题项(简写)	CITC	删除该题项后Cronbach's α系数	Cronbach's α系数
OP1	0.588	0.856	
OP2	0.555	0.860	
OP3	0.575	0.857	
OP4	0.613	0.854	
OP5	0.647	0.851	0.869
OP6	0.649	0.850	
OP7	0.625	0.853	
OP8	0.585	0.857	
OP9	0.595	0.856	

本书对外包战略的调查问卷的结果做相关性检验，分析的结果显示，KMO值为0.754（大于0.7），Bartlett统计值异于0。这说明在外包战略量表的指标之间具有相关性，适合进一步进行因子分析。然后本书对外包战略的8个题项进行主成分因子分析，如表4.8所示。经过因子分析之后，各题项归为两个因子，第一个因子解释了寻求创新的外包战略，第二个因子解释了寻求效率的外包战略，该因子的累积解释变差为64.596%，各因子载荷大于0.5（最大值为0.889，最小值为0.679）。根据因子载荷的分布来判断，外包战略的调查问卷通过了探索性因子分析的效度检验。

表4.8 外包战略的探索性因子分析

变量	题项(简写)	因子载荷	
		1	2
寻求效率的外包战略	ES1	−0.163	0.748
	ES2	0.183	0.764
	ES3	0.134	0.775
	ES4	0.327	0.679
寻求创新的外包战略	IS1	0.839	−0.013
	IS2	0.889	0.086
	IS3	0.763	0.264
	IS4	0.781	0.119

注:KMO值为0.754,Barlett统计值显著异于0($P<0.001$),因子的累积解释变差为64.596%。

对于外包战略的信度检验结果,如表4.9所示。从表中可以看出,题项与量表的总体相关系数(CITC)都大于0.35,同时所有题项的Cronbach's α 值均大于0.70。可见,本书外包战略变量的测度量表具有较高的信度。

表4.9 外包战略的信度检验结果

变量	题项(简写)	CITC	删除该题项后Cronbach's α 系数	Cronbach's α 系数
寻求效率的外包战略	ES1	0.460	0.730	0.745
	ES2	0.584	0.663	
	ES3	0.587	0.658	
	ES4	0.530	0.691	
寻求创新的外包战略	IS1	0.684	0.814	0.851
	IS2	0.791	0.765	
	IS3	0.656	0.825	
	IS4	0.640	0.832	

在本书中，组织控制为中介变量。本书对测度结果控制的4个题项、过程控制的4个题项与社会控制的4个题项进行主成分因子分析。分析的结果显示，结果控制的OC4题项在两个因子的载荷均小于0.5，这说明该题项"对外包结果的惩罚或奖励措施"未能较好地表征企业在外包业务执行中的结果控制。因此，本书从量表中删除此题项，再次进行因子分析。剔除OC4题项之后，对组织控制的11个题项再次进行因子分析，如表4.10所示。对测度组织控制的调查问卷的结果做相关性检验，分析的结果显示，KMO值为0.833（大于0.7），Bartlett统计值异于0。这说明在组织控制量表的指标之间具有相关性，适合进一步进行因子分析。经过因子分析之后，各题项归为三个因子，第一个因子解释了过程控制，第二个因子解释了结果控制，第三个因子解释了社会控制。因子的累积解释变差为64.412%，各因子载荷大于0.5（最大值为0.863，最小值为0.519）。可见，修正后的组织控制效度比较好。

表4.10　组织控制的探索性因子分析

变量	题项(简写)	因子载荷		
		1	2	3
结果控制	OC1	0.152	0.863	0.082
	OC2	0.197	0.854	0.051
	OC3	0.287	0.739	0.128
过程控制	PC1	0.832	0.109	0.085
	PC2	0.782	0.250	0.178
	PC3	0.673	0.302	0.191
	PC4	0.627	0.222	0.322
社会控制	SC1	0.041	0.101	0.845
	SC2	0.120	0.078	0.811
	SC3	0.365	−0.075	0.635
	SC4	0.279	0.238	0.519

注:KMO值为0.833,Barlett统计值显著异于0($P<0.001$),因子的累积解释变差为64.412%。

本书对组织控制各因子进行信度分析，检验结果如表4.11所示。从表中可以看出，题项与量表的总体相关系数（CITC）均大于0.35，同时所有题项的Cronbach's α值均大于0.70。可见，本书组织控制变量的测度量表具有较高的信度。

表4.11 组织控制的信度检验结果

变量	题项（简写）	CITC	删除该题项后Cronbach's α 系数	Cronbach's α 系数
结果控制	OC1	0.700	0.721	0.818
	OC2	0.717	0.704	
	OC3	0.602	0.817	
过程控制	PC1	0.606	0.761	0.804
	PC2	0.689	0.722	
	PC3	0.603	0.762	
	PC4	0.581	0.773	
社会控制	SC1	0.597	0.627	0.732
	SC2	0.587	0.634	
	SC3	0.501	0.687	
	SC4	0.416	0.728	

本书对测度关联知识的5个题项进行主成分因子分析，如表4.12所示。相关性检验分析的结果显示，KMO值为0.867（大于0.7），Bartlett统计值异于0。这说明在关联知识量表的指标之间具有相关性，适合进一步进行因子分析。经过因子分析之后，各题项归为一个因子，该因子的累积解释变差为69.175%，各因子载荷大于0.5（最大值为0.852，最小值为0.801）。由此可见，关联知识的效度比较好。

表4.12 关联知识的探索性因子分析

变量	题项(简写)	因子载荷
		1
关联知识	KN1	0.813
	KN2	0.852
	KN3	0.847
	KN4	0.801
	KN5	0.843

注：KMO值为0.867，Barlett统计值显著异于0($P<0.001$)，因子的累积解释变差为69.175%。

关联知识的信度检验结果，如表4.13所示。从表中可以看出，题项与量表的总体相关系数（CITC）均大于0.35，同时所有题项的Cronbach's α值均大于0.70。可见，本书关联知识变量的测度量表具有较高的信度。

表4.13 关联知识的信度检验

题项(简写)	CITC	删除该题项后Cronbach's α系数	Cronbach's α系数
KN1	0.703	0.870	
KN2	0.757	0.858	
KN3	0.750	0.859	0.888
KN4	0.690	0.873	
KN5	0.745	0.861	

本书对测度能力信任的3个题项进行主成分因子分析，结果如表4.14所示。相关性检验的结果显示，KMO值为0.712（大于0.7），Bartlett统计值异于0。这说明能力信任量表的指标之间具有相关性，适合进一步进行因子分析。经过因子分析之后，各题项归为一个因子，该因子的累积解释变差为73.260%，各因子载荷大于0.5（最大值为0.876，最小值为0.836）。可见，能力信任的效度比较好。接下来，对于能力信任的信度检验结果如表4.15所示。从表中可以看出，题项与量表的总体相关系数（CITC）都大于0.35，同时所有题项的Cronbach's α值均大于0.70。可见，

本书能力信任变量的测度量表具有较高的信度。

表4.14　能力信任的探索性因子分析

变量	题项(简写)	因子载荷
		1
能力信任	TR1	0.836
	TR2	0.855
	TR3	0.876

注:KMO值为0.712,Barlett统计值显著异于0($P<0.001$),因子的累积解释变差为73.260%。

表4.15　能力信任的信度检验

题项(简写)	CITC	删除该题项后Cronbach's α系数	Cronbach's α系数
TR1	0.639	0.779	
TR2	0.670	0.748	0.817
TR3	0.703	0.714	

4.4.2　相关分析及回归三大分析

本书为了得出科学性的结论,进行了多重共线性、序列相关和异方差三大问题的检验(马庆国,2002)。多重共线性(multicollinearity)指多元回归模型的解释变量之间存在严重的线性相关,通常通过方差膨胀因子(variance inflation factor, VIF)指数来判断多重共线性问题(马庆国,2002)。一般认为,当$0<VIF<10$,可以判断回归模型不存在多重共线性问题。经检验,各回归模型的VIF计算结果显示,本书所有回归模型的VIF值大于0且小于5,因此,可以判定各回归模型的解释变量之间不存在多重共线性问题。本书为了检验异方差问题,对各回归模型以被解释变量为横坐标,进行了残差项的散点图分析。检验结果表明本书各回归模型中均不存在严重的异方差问题。至于序列相关问题检验,本书检验了Durbin-Watson值(D-W值)(马庆国,2002)。检验结果表明本书

所有的回归模型的D-W值均接近2。因此，可以判定本书各回归模型中不存在序列相关问题。

所研究的变量存在相关关系是回归分析的前提，因此，本书在进行回归分析之前，首先对被解释变量、解释变量、中介变量和控制变量进行了简单相关系数的计算。结果显示（见表4.16），寻求效率的外包战略与寻求创新的外包战略都分别与组织控制和外包绩效呈显著的正相关关系，且结果控制、过程控制、社会控制与外包绩效有显著的正相关关系，调节变量关联知识和能力信任也分别与外包战略、组织控制及外包绩效有显著相关关系，这初步验证了本书的预期假设。接下来，本书将采用回归分析方法对这些变量之间的影响机制进行更为精确的验证。

表4.16 各变量的相关分析

变量		1	2	3	4	5	6	7	8	9	10	11
控制变量	1. 企业年龄	1										
	2. 企业规模	0.275(**)	1									
解释变量	3. 行业	0.072	0.155(*)	1								
	4. 寻求效率	-0.018	0.148	0.144	1							
	5. 寻求创新	-0.024	0.024	0.180(*)	0.284(**)	1						
中介变量	6. 结果控制	0.003	0.171(*)	0.045	0.574(**)	0.159(*)	1					
	7. 过程控制	0.077	0.190(*)	0.117	0.547(**)	0.351(**)	0.505(**)	1				
	8. 社会控制	0.051	0.155(*)	0.208(**)	0.306(**)	0.548(**)	0.295(**)	0.515(**)	1			
调节变量	9. 关联知识	-0.004	0.144	0.058	0.510(**)	0.190(*)	0.382(**)	0.510(**)	0.211(**)	1		
	10. 能力信任	0.023	0.150	0.096	0.417(**)	0.372(**)	0.303(**)	0.485(**)	0.387(**)	0.520(**)	1	
被解释变量	11. 外包绩效	-0.067	0.118	0.157(*)	0.528(**)	0.418(**)	0.458(**)	0.524(**)	0.448(**)	0.566(**)	0.606(**)	1

注：** 表示显著性水平 $P < 0.01$(双尾检验)，* 表示显著性水平 $P < 0.05$(双尾检验)。

4.4.3　外包战略对组织控制影响作用的回归分析

本书采用多元回归分析来验证外包战略与结果控制之间的关系。本书以结果控制为被解释变量，以寻求效率的外包战略和寻求创新的外包战略为解释变量，以企业年龄、企业规模和行业为控制变量，建立回归模型。回归模型分析结果，如表4.17所示。模型1的解释变量仅仅包括控制变量，模型2是在控制变量的基础上加入了寻求效率的外包战略和寻求创新的外包战略，用以验证外包战略与结果控制之间的关系，即假设1和假设4。

在模型1控制变量中，企业年龄和行业的系数不显著，只有企业规模的系数显著（$P<0.05$），但F统计值为1.769且不显著，说明控制变量与结果控制不存在线性关系。

假设1和假设4认为外包战略（寻求效率的外包战略和寻求创新的外包战略）与结果控制正相关。在模型2中，增加了外包战略变量之后，R^2值增大（由0.032增加到0.340，调整值由0.014增加到0.319），这表明企业的外包战略对其结果控制有重要的解释作用。如模型2所示，寻求效率的外包战略的回归系数为正且显著（$P<0.001$），而寻求创新的外包战略的回归系数为正但不显著，并且模型2是统计上显著的（$F=16.470$，$P<0.001$）。结果表明寻求效率的外包战略与结果控制正相关，而寻求创新的外包战略与结果控制之间的正向关系没有得到支持，因而假设1通过验证，而假设4没有通过验证。

表4.17　外包战略对结果控制影响的回归分析

变量		模型1		模型2	
		回归系数	标准误差	回归系数	标准误差
常数项		4.989	0.238	2.181	0.418
控制变量	企业年龄	−0.003	0.006	−0.001	0.005
	企业规模	0.089*	0.040	0.048	0.033
	行业	0.039	0.154	−0.103	0.131

变量		模型1		模型2	
		回归系数	标准误差	回归系数	标准误差
外包战略	寻求效率			0.575***	0.069
	寻求创新			0.004	0.053
模型统计量	R^2	0.032		0.340	
	调整后R^2	0.014		0.319	
	F统计值	1.769		16.470***	

注：显著水平$^+P<0.10$；$^*P<0.05$；$^{**}P<0.01$；$^{***}P<0.001$。

本书采用多元回归分析来验证外包战略与过程控制之间的关系。本书以过程控制为被解释变量，以寻求效率的外包战略和寻求创新的外包战略为解释变量，以企业年龄、企业规模和行业为控制变量，建立回归模型。回归模型分析结果，如表4.18所示。模型1的解释变量仅仅包括控制变量，模型2是在控制变量的基础上加入了寻求效率的外包战略和寻求创新的外包战略，用以验证外包战略与过程控制之间的关系，即假设2和假设5。

在模型1控制变量中，企业规模的系数为正且显著（$P<0.05$），并且F统计值为2.517且显著（$P<0.1$），说明企业规模与过程控制存在正向线性关系。规模大的企业相对规模小的企业拥有的资源和积累的知识多，因而企业会加强过程控制。

假设2和假设5认为外包战略（寻求效率的外包战略和寻求创新的外包战略）与过程控制正相关。在模型2中，增加了外包战略变量之后，R^2值增大（由0.045增加到0.358，调整值由0.027增加到0.338），这表明企业的外包战略对其过程控制有重要的解释作用。如模型2所示，寻求效率的外包战略的回归系数为正且显著（$P<0.001$），寻求创新的外包战略的回归系数为正且显著（$P<0.01$），并且，模型2是统计上显著的（$F=17.841$，$P<0.001$）。结果表明寻求效率的外包战略及寻求创新的外包战略与结果控制正相关，因而假设2和假设5都通过验证。

表4.18　外包战略对过程控制影响的回归分析

变量		模型1		模型2	
		回归系数	标准误差	回归系数	标准误差
常数项		4.888	0.211	2.041	0.368
控制变量	企业年龄	0.001	0.005	0.004	0.004
	企业规模	0.075*	0.035	0.043	0.030
	行业	0.156	0.137	−0.018	0.115
外包战略	寻求效率			0.431***	0.061
	寻求创新			0.153**	0.047
模型统计量	R^2	0.045		0.358	
	调整后R^2	0.027		0.338	
	F统计值	2.517+		17.841***	

注：显著水平+$P<0.10$；*$P<0.05$；**$P<0.01$；***$P<0.001$。

本书采用多元回归分析来验证外包战略与社会控制之间的关系。本书以社会控制为被解释变量，以寻求效率的外包战略和寻求创新的外包战略为解释变量，以企业年龄、企业规模和行业为控制变量，建立回归模型。回归模型分析结果，如表4.19所示。模型1的解释变量仅仅包括控制变量，模型2是在控制变量的基础上加入了寻求效率的外包战略和寻求创新的外包战略，用以验证外包战略与社会控制之间的关系，即假设3和假设6。

在模型1控制变量中，行业的回归系数为正且显著（$P<0.01$），并且F统计值为2.839且显著（$P<0.05$），说明控制变量中行业变量与社会控制存在正向线性关系，即表明高科技行业的企业相对于传统行业的企业实施社会控制程度要高一些。

假设3和假设6认为外包战略（寻求效率的外包战略和寻求创新的外包战略）与社会控制正相关。在模型2中，增加了外包战略变量之后，R^2值增大（由0.059增加到0.346，调整值由0.041增加到0.326），这表明企业的外包战略对其社会控制有重要的解释作用。如表4.20所示，寻求创新的外包战略的回归系数为正且显著（$P<0.001$），寻求效率的外包战略

的回归系数为正且显著（$P>0.05$），并且模型2是统计上显著的（$F=$ 16.943，$P<0.001$）。这一结果表明寻求效率的外包战略、寻求创新的外包战略与社会控制之间的正向关系得到支持，因而假设3和假设6都通过验证。

表4.19　外包战略对社会控制影响的回归分析

变量		模型1		模型2	
		回归系数	标准误差	回归系数	标准误差
常数项		4.764	0.217	−0.250	0.216
控制变量	企业年龄	0.000	0.005	0.002	0.004
	企业规模	0.057	0.036	0.046	0.031
	行业	0.343*	0.141	0.148	0.120
外包战略	寻求效率			0.133*	0.064
	寻求创新			0.358***	0.049
模型统计量	R^2	0.059		0.346	
	调整后 R^2	0.041		0.326	
	F统计值	3.358*		16.943***	

注：显著水平 $^+P<0.10$；$^*P<0.05$；$^{**}P<0.01$；$^{***}P<0.001$

4.4.4　组织控制对外包绩效影响作用

本书采用多元回归分析来验证组织控制与社会控制之间的关系。本书以外包绩效为被解释变量，以结果控制、过程控制和社会控制为解释变量，以企业年龄、企业规模和行业为控制变量，建立回归模型。回归模型分析结果，如表4.21所示。模型1的解释变量仅仅包括控制变量，模型2是在控制变量的基础上加入了结果控制、过程控制和社会控制，用以验证组织控制与社会控制之间的关系，即假设7、假设8和假设9。

在模型1控制变量中，行业的回归系数为正且显著（$P<0.1$），并且F统计值为2.551且显著（$P<0.1$），说明控制变量中行业与外包绩效存在正向线性关系。但在新的变量（外包战略）加入之后，原有行业的显著

性发生了变化。当将组织控制纳入模型之后，行业的系数从0.220降至0.112，而且不再显著。

假设7至假设9认为组织控制（结果控制、过程控制和社会控制）与外包绩效正相关。在模型2中，增加了组织控制变量之后，R^2值增大（由0.045增加到0.380，调整值由0.027增加到0.356），这表明组织控制对其外包绩效有重要的解释作用。结果控制的回归系数为正且显著（$P<0.01$），过程控制的回归系数为正且显著（$P<0.01$），社会控制的回归系数为正且显著（$P<0.01$），并且模型2是统计上显著的（$F=16.219$，$P<0.001$）。这一结果表明结果控制、过程控制及社会控制与外包绩效正相关，因而假设7至假设9都通过验证。

表4.20　组织控制对外包绩效影响的回归分析

变量		模型1		模型2	
		回归系数	标准误差	回归系数	标准误差
常数项		5.175	0.182	2.164	0.359
控制变量	企业年龄	−0.006	0.004	−0.006	0.004
	企业规模	0.048	0.031	0.002	0.025
	行业	0.220+	0.118	0.112	0.098
组织控制	结果控制			0.189**	0.056
	过程控制			0.248**	0.070
	社会控制			0.180**	0.062
模型统计量	R^2	0.045		0.380	
	调整后R^2	0.027		0.356	
	F统计值	2.551+		16.219***	

注：显著水平+$P<0.10$；*$P<0.05$；**$P<0.01$；***$P<0.001$。

4.4.5　组织控制的中介作用

本书采用多元回归模型来验证组织控制在外包战略影响外包绩效关系中起中介作用。表4.21给出了回归分析的结果，共估计了3个模型。模型的被解释变量均为外包绩效。模型1的解释变量只包括控制变量。

模型2在控制变量的基础上加入了外包战略的两个变量，模型3在模型2的基础上加入了组织控制的结果控制变量，模型2、模型3是为了验证关于结果控制在外包战略与外包绩效关系中的中介作用的假设，即假设10和假设11。模型4在模型2的基础上加入了组织控制的过程控制变量，模型2、模型4是为了验证关于过程控制在外包战略与外包绩效关系中的中介作用的假设，即假设12和假设13。模型5在模型2的基础上加入了组织控制的社会控制变量，模型2、模型5是为了验证关于社会控制在外包战略与外包绩效关系中的中介作用的假设，即假设14和假设15。

表4.21　组织控制的中介作用回归分析

变量		模型1	模型2	模型3	模型4	模型5
常数项		5.175	2.680	2.289	2.193	2.246
控制变量	企业年龄	-0.006	-0.004	-0.004	-0.005	-0.004
	企业规模	0.048	0.023	0.014	0.013	0.014
	行业	0.220[+]	0.059	0.077	0.063	0.032
外包战略	寻求效率		0.338***	0.235***	0.235***	0.313***
	寻求创新		0.173***	0.172***	0.136**	0.106*
	组织控制					
	结果控制			0.179**		
	过程控制				0.239***	
	社会控制					0.185**
模型统计量	R^2	0.045	0.365	0.400	0.414	0.397
	调整后R^2	0.027	0.345	0.378	0.392	0.375
	F	2.551[+]	18.371***	17.703***	18.716***	17.470***

注：显著水平[+]$P<0.10$；*$P<0.05$；**$P<0.01$；***$P<0.001$。

假设10和假设11认为结果控制在外包战略（寻求效率的外包战略和寻求创新的外包战略）与外包业绩效关系中起中介作用。如表4.21所示，模型2、模型3这两个模型都是显著的（模型2：$F=18.371$，$P<0.001$；模型3：$F=17.703$，$P<0.001$）。在没有中介变量结果控制的模型2中，寻求效率的外包战略的系数为正且显著（$P<0.001$），寻求创新的外包战

略的系数为正且显著（$P<0.001$），表明这两个外包战略（解释变量）与外包绩效有显著的正相关关系。在加入中介变量结果控制的模型3中，结果控制的系数为正且显著（$P<0.01$），而寻求效率的外包战略和寻求创新的外包战略的系数虽然仍然为正且显著，但相对模型2其寻求效率的外包战略的系数值变小，其寻求创新的外包战略的系数几乎没有变化。这说明寻求效率的外包战略与外包绩效的相关关系在加入中介变量结果控制后受到一定的影响，而寻求创新的外包战略与外包绩效的相关关系在加入结果控制后并没有受到影响。这证明了结果控制只在寻求效率的外包战略与外包绩效中起到部分中介作用，因而假设10通过验证，而假设11没有通过验证。

假设12和假设13认为过程控制在外包战略（寻求效率的外包战略和寻求创新的外包战略）与外包绩效关系中起中介作用。如表4.21所示，模型4是显著的（$F=18.716$，$P<0.001$）。在加入中介变量过程控制的模型4中，过程控制的系数为正且显著（$P<0.001$），而寻求效率的外包战略和寻求创新的外包战略的系数虽然仍然为正且显著，但相对模型2其寻求效率的外包战略的系数从0.338降至0.235，并且寻求创新的外包战略的系数值也从0.173降至0.136，其显著水平从$P<0.001$降至$P<0.01$，这说明寻求效率的外包战略、寻求创新的外包战略与外包绩效的相关关系在加入中介变量过程控制后受到一定的影响。这证明了过程控制在外包战略（寻求效率的外包战略和寻求创新的外包战略）与外包绩效中起到部分中介作用（温忠麟等，2005），因而假设12和假设13都通过验证。

假设14和假设15认为社会控制在外包战略（寻求效率的战略和寻求创新的外包战略）与外包绩效关系中起中介作用。如表4.21所示，模型5是显著的（$F=17.470$，$P<0.001$）。在加入中介变量社会控制的模型5中，社会控制的系数为正且显著（$P<0.01$），寻求效率的外包战略和寻求创新的外包战略的系数为正且显著，但相比模型2其系数值变小，这说明寻求效率的外包战略、寻求创新的外包战略与外包绩效的相关关系在加入中介变量社会控制后受到一定的影响。这证明了社会控制在寻求

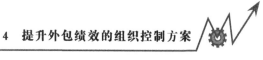

效率的外包战略、寻求创新的外包战略与外包绩效中起到部分中介作用（温忠麟等，2005），因而假设14和假设15都通过验证。

4.4.6 关联知识和能力信任的调节作用

本书采用多元回归分析方法来验证关联知识、能力信任在外包战略（寻求效率的外包战略和寻求创新的外包战略）与过程控制之间调节作用。表4.23给出了多元回归分析的结果，共估计了两个模型，模型的被解释变量均为过程控制。模型1的解释变量包括控制变量、外包战略的两个变量与关联知识和能力信任。为了验证关联知识和能力信任的调节作用，本书把关联知识和能力信任变量进行中性化处理，然后把处理后的关联知识和能力信任分别与中性化处理后的外包战略的两个变量相乘，从而得到了四个乘积项，然后模型2在模型1的基础上分别添加了四个交互项（寻求效率的外包战略—关联知识、寻求创新的外包战略—关联知识、寻求效率的外包战略—能力信任、寻求创新的外包战略—能力信任）。

假设16和假设17认为关联知识对外包战略（寻求效率的外包战略和寻求创新的外包战略）与过程控制关系起正向调节作用。假设18和假设19表述能力信任对外包战略（寻求效率的外包战略和寻求创新的外包战略）与过程控制关系起负向调节作用。

如表4.22中所示，增加了四个交互项之后，模型2的F统计量是显著的（$P<0.001$），并且模型2的R^2值增大（由0.438增加到0.469，调整值由0.414增加到0.431）。在表4.22的模型2中，寻求效率的外包战略与关联知识的乘积项的系数为正且显著（$P<0.01$），这意味着关联知识在寻求效率的外包战略对过程控制的影响过程中起正向调节作用，即当企业拥有对外包业务的关联知识多时，企业所采用的寻求效率的外包战略对过程控制的影响显著增强，因而假设16通过验证。

寻求创新的外包战略与关联知识的乘积项的系数为负且不显著，因此，本书的实证结果未能支持关联知识对寻求创新的外包战略与过程控制之间关系的调节作用，即当企业拥有对外包业务的关联知识多时，企业所采用的寻求创新的外包战略对过程控制的影响不能显著增强，因而假设17未通过验证。

寻求效率的外包战略与能力信任的乘积项的系数为负且显著（$P <$ 0.01），这意味着能力信任在寻求效率的外包战略对过程控制的影响过程中起负向调节作用，即当企业对供应商的能力信任度高时，企业所采用的寻求效率的外包战略对过程控制的影响显著下降，因而假设18通过验证。

寻求创新的外包战略与能力信任的乘积项的系数为正且不显著，因此，本书的实证结果未能支持能力信任对寻求创新的外包战略与过程控制之间关系的调节作用，即当企业对供应商的能力信任度高时，企业所采用的寻求创新的外包战略对过程控制的影响不能显著下降，因而假设19未通过验证。

表4.22　关联知识和能力信任的调节作用回归分析

变量		模型1		模型2	
		回归系数	标准误差	回归系数	标准误差
常数项		1.117	0.403	0.966	0.454
控制变量	企业年龄	0.004	0.004	0.005	0.004
	企业规模	0.028	0.028	0.038	0.028
	行业	0.000	0.108	−0.003	0.108
外包战略	寻求效率	0.281***	0.066	0.275***	0.067
	寻求创新	0.111*	0.046	0.107*	0.046
调节变量	关联知识	0.197**	0.066	0.258***	0.069
	能力信任	0.170*	0.076	0.127	0.077

变量		模型1		模型2	
		回归系数	标准误差	回归系数	标准误差
交互项	寻求效率—关联知识			0.161*	0.068
	寻求创新—关联知识			−0.022	0.049
	寻求效率—能力信任			−0.188*	0.072
	寻求创新—能力信任			0.080	0.064
模型统计量	R^2	0.438		0.469	
	调整后R^2	0.414		0.431	
	F	17.623***		12.342***	

注：被解释变量为过程控制，+P表示显著性水平＜0.10；*P表示显著性水平＜0.05；**P表示显著性水平＜0.01；***P表示显著性水平＜0.001。

4.4.7　回归分析检验结果

综合上述的分析结果，本书的假设及其检验结果整理，如表4.23所示。检验结果显示了外包战略、组织控制以及外包绩效之间的关系，各个概念之间的逻辑关系也得到了验证，其中大部分的关系在大样本统计检验中得到了显著性验证，这表明在现实的外包业务过程中，外包战略、组织控制和外包绩效之间的关系是客观存在的。

表4.23　假设检验结果

研究假设	验证结果
假设1：越重视寻求效率的外包战略，则结果控制实施力度越大	通过
假设2：越重视寻求效率的外包战略，则过程控制实施力度越大	通过
假设3：越重视寻求效率的外包战略，则社会控制实施力度越大	通过
假设4：越重视寻求创新的外包战略，则结果控制实施力度越大	未通过
假设5：越重视寻求创新的外包战略，则过程控制实施力度越大	通过
假设6：越重视寻求创新的外包战略，则社会控制实施力度越大	通过

续 表

研究假设	验证结果
假设7:组织控制的结果控制实施力度对外包绩效有正的影响作用	通过
假设8:组织控制的过程控制实施力度对外包绩效有正的影响作用	通过
假设9:组织控制的社会控制实施力度对外包绩效有正的影响作用	通过
假设10:结果控制在寻求效率的外包战略影响外包绩效的关系中起中介作用	通过
假设11:结果控制在寻求创新的外包战略影响外包绩效的关系中起中介作用	未通过
假设12:过程控制在寻求效率的外包战略影响外包绩效的关系中起中介作用	通过
假设13:过程控制在寻求创新的外包战略影响外包绩效的关系中起中介作用	通过
假设14:社会控制在寻求效率的外包战略影响外包绩效的关系中起中介作用	通过
假设15:社会控制在寻求创新的外包战略影响外包绩效的关系中起中介作用	通过
假设16:关联知识在寻求效率的外包战略与过程控制的关系中起正向调节作用	通过
假设17:关联知识在寻求创新的外包战略与过程控制的关系中起正向调节作用	未通过
假设18:对供应商的能力信任在寻求效率的外包战略与过程控制的关系中起负向调节作用	通过
假设19:对供应商的能力信任在寻求创新的外包战略与过程控制的关系中起负向调节作用	未通过

4.5 讨 论

根据前文的案例研究和理论分析,本章构造了关于外包战略通过影响组织控制进而正向作用于外包绩效的研究模型和研究假设,并预测外包战略对过程控制的影响关系受到关联知识和能力信任的调节作用。以166个在华经营的企业为样本,通过大样本统计实证检验,本章对提出的

19个研究假设进行了验证，检验结果证实了外包战略通过组织控制对外包绩效影响的机制以及关联知识和能力信任的调节作用。虽然本研究的结果支持了本研究提出的大部分研究假设，但结果与案例研究以及理论研究提出的预期有所不同。下面，本小节将对上述的分析结果分别进行进一步的讨论。

4.5.1 寻求效率的外包战略对外包绩效的作用机制分析

本书有力支撑了寻求效率的外包战略与外包绩效之间的正相关关系。企业采用寻求效率的外包战略的主要动因是通过非核心业务的外包措施来获取成本的削减和运营效率的提高（Liu et al.，2010）。在外包中，效率的提升主要来自供应商的规模经济、低劳动成本、供应商在重复性业务上的专业设备以及员工的熟练度。这种寻求效率的外包模式是最典型的外包模式，而且很多学者也强调此类外包模式有利于外包绩效或企业绩效的提升（Liu et al.，2010；Bengtsson et al.，2009；Kotabe et al.，2008；Maskell et al.，2007；Harland et al.，2005；Gilley and Rasheed，2000；Das and Teng，1999；John，1998；Davies et al.，1995）。

本书进一步提出，寻求效率的外包战略通过组织控制（结果控制、过程控制和社会控制）的正向作用而正向影响其外包绩效。

首先，当企业采用寻求效率的外包战略时，为了达到预期的外包结果，企业会加强组织控制的实施力度，即寻求效率的外包战略会促进组织控制的实施。如表4.17、表4.18和表4.19所示，寻求效率的外包战略与结果控制有显著的正相关关系（回归系数为0.575，$P<0.001$）；寻求效率的外包战略与过程控制有显著的正相关关系（回归系数为0.431，$P<0.001$）；寻求效率的外包战略与社会控制有显著的正相关关系（回归系数为0.133，$P<0.05$）。这说明寻求效率的外包战略对正式控制（结果控制和过程控制）的促进作用非常显著，这与Das and Teng（1998a）、Ouchi（1979）、Ouchi and Maguire（1975）等研究结果是一致的。这些研究组织控制的学者们强调，当业务结果的可测性和业务的可规划性高时，正式

控制的实施是有效的选择。寻求效率的外包战略的特点是外包业务的重复性和标准化程度高，市场的可预测性高，产品的多样性低，市场和技术的不确定性也低，因此此类外包模式的过程和结果的可测性较高，因而会促进正式控制（结果控制和过程控制）的实施。

其次，跟寻求效率的外包战略对正式控制的影响作用相比，寻求效率的外包战略对社会控制的影响作用低一些（其回归系数相对明显较小，且显著性也较低），但仍然显著。这说明寻求效率的外包战略对社会控制促进作用还是存在的，这是与传统组织控制理论不同的结果。学者们认为在过程和结果考核标准的模糊性和不确定性高的前提下，才有必要实施社会控制（Das and Teng，2001c，1998a；Ouchi，1979；Ouchi and Maguire，1975）。即根据组织控制理论，可测性高的寻求效率的外包战略不需要使用社会控制。但本书的案例研究结果强调在华情境下的企业通过社会控制的实施能够与供应商建立良好的关系，并提高供应商的忠诚度，从而达到预期的外包绩效结果。本书的大样本统计检验也给出了同样的研究结果，寻求效率的外包战略会促进正式控制（结果控制和过程控制）的实施，并且影响社会控制的选择。这说明寻求效率的外包战略对正式控制（结果控制和过程控制）的促进作用非常显著，而对社会控制的促进作用较为显著。

最后，在外包业务过程中，企业间的组织控制有利于提升外包绩效。在本书的回归模型中（见表4.20），结果控制与外包绩效之间有显著的正相关关系（回归系数为0.189，$P<0.01$）；过程控制与外包绩效之间有显著的正相关关系（回归系数为0.248，$P<0.01$）；社会控制与外包绩效之间有显著的正相关关系（回归系数为0.180，$P<0.01$）。这一结果表明结果控制、过程控制及社会控制对外包绩效的提升起一定的影响作用。合适的组织控制的执行能够降低关系风险和绩效风险（Das and Teng，2001c；Bozarth et al.，1998），并保全外包的收益，从而提高外包绩效（Kremic et al.，2006；Lonsdale，1999）。

综上所述，寻求效率的外包战略对组织控制有重要的影响，进而影响外包绩效的提升。当企业使用寻求效率的外包战略时，为了减少或规避机会主义行为和相关的风险（Das and Teng，2001c），应当主要采取结果控制和过程控制的方式执行。而且在中国，外国企业为了与供应商建立良好的合作关系和提高供应商的忠诚度，需要执行适当的社会控制，以提升外包的绩效。

4.5.2　寻求创新的外包战略对外包绩效的作用机制分析

企业采用寻求创新的外包战略的主要动因是通过外包措施来获取高新技术、专业化的资源和学习机会，从中提高创新能力（Liu et al.，2010；Bengtsson et al.，2009；Weigelt，2009）。在技术快速发展和高度复杂的环境下，这种寻求创新的外包越来越成为获取竞争优势的有效战略（Bengtsson et al.，2009；Leiblein et al.，2002），然而与寻求效率的外包战略的作用不同，在寻求创新的外包战略对绩效的作用上，学者们的意见是不一致的。

有些学者强调核心业务的外包会导致竞争力源泉的丧失、内部学习机会的丧失、整合能力和创新能力的下降、对供应商的依赖，结果导致绩效的下降（Weigelt，2009；Gilley and Rasheed，2000；Quinn and Hill-mer，1995；Kotabe and Omura，1989）。伍蓓（2010）在实证研究中提出创新性研发外包模式与创新绩效存在倒 U 形的曲线性关系，而 Lewin，Couto and Hamilton（2007）、Linder（2004a）强调创新外包对创新绩效提升的重要作用。本书也给出了寻求创新的外包战略与外包绩效之间的正相关关系。但本书的主要目的不是探究外包战略对绩效的直接影响作用。外包本身是复杂的过程，尤其寻求创新的外包更是如此，因此，交易环境的不同导致对寻求创新的外包与绩效之间的研究只能产生不同的研究结果。本书的重点是怎样以组织控制为核心来有效地执行不同的外包战略，从而提升外包绩效。

因此，本书提出，寻求创新的外包战略通过组织控制（结果控制、过程控制和社会控制）的正向作用而正向影响其外包绩效。首先，当企业采用寻求创新的外包战略时，为了达到预期的外包效果，企业会加强组织控制的实施力度，即寻求创新的外包战略会促进组织控制的实施。如表4.17、表4.18和表4.19所示，寻求创新的外包战略与结果控制之间并没有显著的关系；寻求创新的外包战略与过程控制之间有显著的正相关关系（回归系数为0.153，$P<0.01$）；寻求效率的外包战略与社会控制之间有显著的正相关关系（回归系数为0.358，$P<0.001$）。这说明寻求创新的外包战略对社会控制促进作用非常显著，而对过程控制的促进作用较为显著，这与过去的组织控制理论相符合（Das and Teng，2001c；Das and Teng，1998a；Ouchi，1979；Ouchi and Maguire，1975）。研究组织控制的学者们强调在过程和结果考核标准的模糊性和不确定性高的情况下，社会控制是最有效的选择。寻求创新的外包战略的特点是外包业务的复杂性高，市场的预测性低，产品的多样性高，市场和技术的不确定性也高，因此这类外包模式的过程和结果的可测性会较低，因而会促进社会控制的实施。

另外，与寻求创新的外包战略对社会控制的影响作用相比，寻求创新的外包战略对过程控制的影响作用低一些（其回归系数相对明显较小，且显著性也较低），但仍然显著。这说明寻求创新的外包战略对过程控制影响作用还是存在的，这与第3章的案例研究结果有所不同。在寻求创新的外包战略与组织控制之间的关系中，本书的案例研究结果更强调的是社会控制和结果控制的重要性，而过程控制则只具有补充作用。但大样本数据统计结果表明，寻求创新的外包战略对结果控制的影响作用并不显著。这样的差异可通过Das和Teng（2001c）、Ouchi（1979）提出的结果度量性（outcome measurability）与任务可规划性（task programmability）来解释。他们提出，当任务的可规划性低而结果度量性高时，结果控制就是合适的选择；当任务可规划性高而结果度量性低的时候，可以采用过程控制。本书的案例研究中涉及的寻求创新的外包项目的结果度量性较高，案例企业CC的总经理甚至强调："若你不知道外包业务的具体规格和目标，在中国最好不要做外包。"这些案例企业都是在华经营的外资制造企业，他们的外包业务特点是结果度量性较高，所以他们更注意外包的最终结果，因而选择执行结果控制。但大量统计检验所包含的行业范围和外包业务范围更广，因此寻求创新性外包业务的结果度量性较低，从而出现了过程控制代替结果控制的结果。Li等（2008）强调，在中国，只靠社会控制进行企业间的合作会带来供应商的机会主义行为，结果会引起合作的失败。因此，他们强调在企业间合作中正式控制的必要性。根据以上的现有理论背景、案例研究结果和大样本统计结果，本章提出寻求创新的外包战略对社会控制的影响作用非常显著，而且此类外包战略对正式控制的影响受到外包业务的结果度量性与任务可规划性的影响。这与Chen等（2009）的研究是相似的，他们在对国际合资企业的研究中也强调，当母公司对子公司的知识贡献大时，由于合作业务的最终目标的模糊性高和从做中学习行为的要求高，因此社会控制和过程控制是合适的选择。

总而言之，寻求创新的外包战略对社会控制和过程控制有重要的影响，进而影响外包绩效的提升。当企业使用寻求创新的外包战略时，应当主要采取社会控制的方式执行。而且在中国，为了减少或避免供应商的机会主义行为，根据结果度量性与任务可规划性的高低，需要在正式控制（结果控制和过程控制）中选择可执行的控制措施，以提高外包的绩效。

根据上述分析和讨论，外包战略与组织控制之间的关系，如图4.1所示。不同的外包战略需要选择不同的组织控制，这样才能更有效地减少外包风险和机会主义行为，从而达到预期的外包目标。

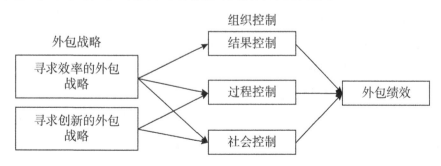

图4.1　外包战略与组织控制之间的关系

另外，本书研究结果与现有组织控制选择的研究结果有所不同，这样的研究结果的差异主要来自两点。一是外包与联盟和国际合资之间的差异。与联盟和国际合资相比，外包的结果和过程的可测性较高，因此，联盟或国际合资领域采用的控制机制不能直接应用到外包业务上。二是Das和Teng（2001c）在控制机制的选择上过度考虑了结果度量性（outcome measurability）和任务可规划性（task programmability），即这两个因素决定主要的控制机制。但是本书发现在控制机制的选择上不仅需要考虑度量性的问题，还要考虑其他的因素，如外包的战略、对供应商的信任程度、风险的程度、交易环境等。比如，当企业采用寻求效率的外包战略时，不仅要进行正式控制（过程控制和结果控制），而且根据对关系风险的感知程度还需要适当地进行社会控制。不管对外包业务的过程和结果度量性是高还是低，在中国，适当的社会控制是有效的选择。另外，当企业采用寻求创新的外包战略时，不仅要进行社会控制，而且要根据对结果和过程的度量性适当地进行正式控制（过程或结果控制），从而更有效地防止合作伙伴的机会主义行为并能达到预期的外包目标。

4.5.3　关联知识和能力信任的调节作用

在验证了外包绩效、组织控制与外包绩效的关系之后，本书在此概念模型中引入了关联知识和能力信任，认为关联知识和能力信任在外包战略与过程控制的关系中起调节作用。本书的实证结果显示，关联知识和能力信任在寻求创新的外包与过程控制之间并没有起任何调节作用。这很可能是寻求创新的外包战略主要与社会控制有显著相关所致。虽然寻求创新的外包战略与过程控制之间的关系是客观存在的，但与社会控制相比其影响作用明显较小。企业在此类外包过程中，对过程控制选择影响的是可测性的问题，因此两个调节变量在寻求创新的外包战略与过程控制关系的强度上并没有产生任何影响。

本书的实证结果表明，关联知识在寻求效率的外包战略对过程控制的影响过程中起正向调节作用。当企业拥有较多外包业务关联知识时，寻求效率的外包战略对过程控制的影响显著增强，这一研究结论与Turner和Makhija（2006）、Ouchi（1978）等研究结果是接近的。在寻求效率的外包过程中，企业所拥有的知识越多，越会加强过程控制的实施力度以确保外包业务的品质和预期目标。

此外，能力信任在寻求效率的外包战略对过程控制的影响过程中起负向调节作用。当企业对供应商能力的信任度高时，会削弱寻求效率的外包战略和过程控制之间的关系，即过程控制会相应减少。能力信任来自对合作伙伴的资源和能力的信任，它包括财务资源、人力资源、设备、技术、销售能力等（Das and Teng，2001c）。这些供应商的资源和能力使发包方企业既能感知到供应商的良好声誉，又能确信供应商可以完成外包业务任务。因此，在进行寻求效率的外包过程中，企业对供应商能力的信任度高时，对供应商的绩效风险的感知会很低，所以企业无需进行严格的过程控制。

根据上述分析和讨论，关联知识和能力信任对寻求效率的外包战略与过程控制之间关系的调节作用，如图4.2所示。关联知识和能力信任在寻求创新的外包战略与过程控制之间不起调节作用，而只在寻求效率的外包战略和过程控制之间起调节作用。在寻求效率的外包战略过程中，当企业拥有的关联知识较多而对供应商能力的信任度较低时，会更积极

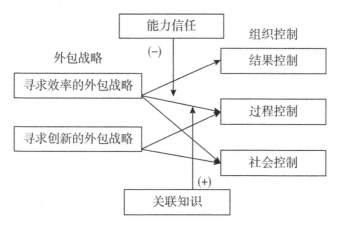

图4.2 关联知识和能力信任的调节作用

采用过程控制以确保外包的预期目标。相反，在寻求效率的外包战略过程中，当企业拥有的关联知识较少而对供应商能力的信任度较高时，一方面，知识的不足会导致企业难以进行过程控制；另一方面，较高的能力信任度使企业只通过结果控制也能够获得满意的外包结果，无需对供应商的外包过程进行监督，因而在此情况下会减少过程控制的实施力度。

4.6 小 结

随着市场竞争日益激烈及技术快速发展，企业的竞争力不再仅仅取决于企业内部拥有的资源，而是越来越多地取决于对外部资源的获取能力。尤其是在高度网络化的经济环境中，企业的竞争优势从内部拥有的资产发展到了网络资源的整合能力。因此，越来越多的企业根据战略需求将外包视为获取竞争力的重要战略工具（Kremic et al.，2006）。然而，在运用外包战略时，还是有大量的企业没有达到预期的外包目标。虽然越来越多的企业希望通过外包获得效率提升和战略收益，但是由于在执行外包过程中会有各种风险，不是所有的外包措施都能给企业带来预期的收益（Bahli and Rivard，2003）。因此，如何有效控制风险和成功执行外包战略以提升外包绩效是企业面临的重要问题。

本书深入探讨了不同的外包战略应该如何选择不同的组织控制机制以提升外包绩效的问题，为此本书构建了外包战略、组织控制与外包绩效之间的作用机制模型。本书在理论研究的基础上，对五家在华经营的外资制造企业进行了深入的案例研究，得到相关命题及关于外包战略、组织控制与外包绩效之间作用机制的初始概念模型。然后本书对概念模型与相应的理论假设进行了大样本的统计实证研究验证。

通过分析论证，本书的结论可以概括为以下四个方面。

（1）企业采用的外包战略模式

本书根据现有的理论研究提出了寻求效率的外包战略和寻求创新的外包战略。不同的外包战略会带来不同的绩效结果（Liu et al.，2010；

Bengtsson et al.，2009)，也会有不同的关系和绩效的风险。因此，为了成功执行不同的外包战略，需要不同的管理和控制机制。本书详细解释了上述两类外包战略的驱动因素和各外包业务的特点。当企业进行外包时，它不仅从供应商的劳动力成本优势和规模经济中寻求效率，而且还寻求学习机会的获得、新技术的获取以及创新能力的培养。本书为了有效研究外包战略对于组织控制的作用，分析了外包战略的分类。

（2）外包战略对组织控制的影响

本书通过对五家在华经营的外资企业的深入调研和对 166 家在华经营的企业的问卷调研，发现在寻求效率的外包战略的模式下，结果控制和过程控制的选择最为有效，并且在中国还需要适当地执行社会控制；在寻求创新的外包战略的模式下，社会控制的选择最为有效，并且根据外包业务的结果度量性与任务可规划性还需要适当地执行正式控制（结果控制或过程控制）。

同时，关联知识和能力信任对寻求效率的外包战略与过程控制间的关系有调节作用。在寻求效率的外包过程中，当企业拥有越多外包业务的关联知识时，为了确保外包的成功，它会越加强过程控制的实施力度，即关联知识对寻求效率的外包战略与过程控制之间的关系有正向调节作用。此外，当企业与能力信任度高的供应商进行寻求效率的外包业务时，不太需要严格进行外包过程中的监督行为，因而它会减少过程控制的实施力度，即对供应商的能力信任对寻求效率的外包战略与过程控制之间的关系有负向调节作用。

（3）组织控制对外包绩效的影响

通过一些业务外包，企业在资源有限的情况下可以利用外部供应商的规模经济、低劳动力成本、专业技术以及创新能力，而企业可以更集中于自身的核心能力，优化内部资源配置，从而获取竞争优势。但外包是一种复杂的组织间的业务过程，在合作过程中会存在关系风险和绩效风险。因此，对外包业务的结果、过程以及供应商进行适当的组织控制是达到预期外包目标的重要的组织间行为。现有的文献强调，失控是外包失败的主要原因之一（Kotabe et al., 2008; Kremic et al., 2006; Lau and Zhang, 2006; Harland et al., 2005; DiRomualdo and Gurbaxani, 1998; Quinn and Hillmer, 1995）。本书的统计检验表明结果控制、过程控制和社会控制对外包绩效均有正的影响，即本书也支持组织控制是提升外包绩效的关键的组织间行为。

（4）以组织控制为核心的外包战略成功执行的模型构建

本书构建了以组织控制为核心的不同外包战略成功执行的研究模型。本书通过探索性案例研究和大样本的统计实证研究，验证了企业在进行不同的外包战略时，选择什么样的组织控制最为有效，从而提高外包绩效。

当企业进行寻求效率的外包战略时，它需要加强结果控制和过程控制的实施力度，从而减少或规避供应商的机会主义行为和相关风险（Das and Teng, 2001c），同时，还需要通过执行适当的社会控制与供应商建立良好的合作关系，提高供应商的忠诚度，从而提升外包的绩效。换言之，寻求效率的外包战略对正式控制（结果控制和过程控制）和社会控制有重要的影响，进而影响到外包绩效的提升。

当企业进行寻求创新的外包战略时，它需要加强社会控制的实施力度，同时还需要根据结果度量性与任务可规划性的高低，在结果控制或过程控制中选择可执行的正式控制，以提高外包的绩效。换言之，在外包业务的结果度量性低而任务可规划性高的情况下，寻求创新的外包战略对社会控制和过程控制有重要的影响，进而影响外包绩效。在外包业务的结果度量性高而任务可规划性低的情况下，寻求创新的外包战略对社会控制和结果控制有重要的影响，同样会影响外包绩效。为了有效减少外包风险和机会主义行为，不同的外包战略需要选择不同的组织控制机制，以提升外包绩效。

4.6.1 理论贡献

随着外包在全球范围内迅速崛起，对外包的研究也受到了学术界越来越多的关注。对外包的研究多以交易成本理论、资源观理论等作为理论支撑，以外包动因、外包过程、外包收益和风险以及外包结果等为研究对象。关于外包与绩效的作用关系，目前仍存在不同的研究结果，包括正相关（Liu et al., 2010; Espino-Rodriguez and Padron-Robaina, 2004）、负相关（Weigelt, 2009）、倒 U 形关系（Liu et al., 2010; Kotabe et al., 2008）和不显著关系（Leiblein et al., 2002; Gilley and Rasheed, 2000）等。这种结果的不统一是由不同的外包战略意图（Bengtsson et al., 2009）、外包业务的特点、个别交易和契约环境的特点（Leiblein et al., 2002）等诸多因素所致。因此，本书首先将外包战略划分为寻求效率的外包战略和寻求创新的外包战略，并分析了各战略的动机和特点。

组织控制是战略执行的重要因素（Chen et al., 2009）。尤其在企业间合作过程中，企业需要保护自身的核心能力，还需要排除风险和不确定性，为此通常积极采用组织控制。因此，在战略领域里组织控制的理论被广泛采用，主要应用在战略联盟（Das and Teng, 2001c）和国际合资企业（Chen et al., 2009）等领域里。虽然供应商的失控问题一直是外包失败的主要原因之一（Kotabe et al., 2008; Kremic et al., 2006; Lau and Zhang, 2006; Harland et al., 2005; DiRomualdo and Gurbaxani, 1998; Quinn and Hillmer, 1995），但在外包领域里关于组织控制的研究不多，关于不同的外包战略和组织控制之间的研究极少。因此，本书关注了外包战略和组织控制理论的结合，对外包理论研究做了重要的补充，又为进一步研究外包绩效的提升问题提出了外包战略、组织控制与外包绩效之间关系的研究模型。

本书的实证研究结果表明，企业的不同外包战略会影响不同的组织控制的实施力度，从而影响外包绩效。换言之，为了有效执行不同的外包战略，企业需要执行合适的组织控制以提升外包绩效。因此，本书的思路与结论对外包理论和组织控制理论作了一定的补充与扩展。

4.6.2 实践意义

外包日益成为企业界的热点，越来越多的企业为了获取竞争优势而选择外包。在技术快速发展和市场竞争激烈的经济环境下，单个企业不再能独立开发各种资源，企业必须通过寻求合作的方式来整合外部资源，以保持企业的持续增长和竞争优势。因此，外包无疑成为一种企业普遍采用的重要战略工具。然而，企业所采用的外包业务中约有50%并没有到达预期目标。因此，企业在进行外包过程中如何提升外包绩效这一问题必然具有较大的研究价值。

为了促进外包的成功执行，结合研究结果，本书从三个方面对企业提出政策建议。

（1）外包战略的识别

学者们强调不同的外包战略会带来不同的绩效（Liu，Li and Zhang，2010；Bengtsson，Von Haartman and Dabhilkar，2009），而本书强调的是为确保不同的外包战略能够成功执行需要采取不同的组织间行为。因此，当企业进行外包时，它必须分清楚外包战略的模式，才能有效地予以管理。本书提供了外包战略核心特征的两种模式：一种是寻求效率的外包战略，另一种是寻求创新的外包战略。为了有效分析这两种外包战略模式，企业需要考虑外包业务的特征和动机。

寻求效率的外包战略是最典型的外包模式，是企业目前最普遍采用的外包模式，其外包业务的主要特点是反复性高、知识强度低、复杂程度低、市场的预见性高等。此类外包的主要动机是通过供应商的规模经济来获取成本的削减和运营效率的提高。寻求创新的外包战略是近年来企业所重视的外包模式。尤其在全球经济网络化的时代，企业的发展方向越来越专业化，产业细致化和分工化的程度越来越高，技术变更的速度越来越快，客户的要求越来越细致而复杂，寻求创新的外包战略应运而生。这种外包业务的主要特点是新颖、知识强度高、复杂程度高、市场的预见性低、反复性低等，主要动机是通过供应商的知识和专业技术来培养创新能力。

（2）组织控制的实施

本书强调的是不同的外包战略需要执行不同的组织控制。寻求效率的外包战略和寻求创新的外包战略有不同的动机和风险，外包业务的特点也不同，因此，不同的外包战略需要选择各自合适的组织控制，从而有效降低外包风险和提高外包绩效。外包战略与组织控制的选择，如表4.24所示。在企业进行寻求效率的外包战略过程中，通常其外包业务的结果度量性（outcome measurability）和任务可规划性（task programmability）较高，因此，结果控制和过程控制是有效的选择。这与现有的组织控制理论相符（Das and Teng，2001c，1998a；Ouchi，1979；Ouchi and Maguire，1975）。在这类外包过程中，企业通过加大结果控制和过程控制的实施力度能够减少供应商的机会主义行为，降低各种风险，从而达到预期的外包目标。为此，企业必须为外包业务制定明确的整体目标、详细指标、业务程序和工作描述，以使企业顺利对外包结果进行评价和反馈，监督和跟踪供应商按业务程序或计划进行外包业务的情况，并提前准备好结果控制和过程控制的执行。

表4.24　外包战略与组织控制的选择

	寻求效率的外包战略	寻求创新的外包战略
主要动机	成本的削减，运营效率的提升	创新能力的获取
业务特点	反复性高、知识强度低、复杂程度低、市场预见性高	新颖、知识强度高、复杂程度高、市场预见性低、反复性低
组织控制	主要的控制选择： 结果控制和过程控制 辅助的控制选择： 社会控制	主要的控制选择： 社会控制 辅助的控制选择： 结果控制或过程控制

另外，当在华经营的企业进行寻求效率的外包战略时，它还需要执行社会控制。社会控制包括与供应商积极共享公司的目标或发展计划，与供应商积极互动的过程，以使企业与供应商维持良好的关系。这些社会控制活动能促进企业间形成良好的关系，提高供应商的忠诚度，从而

提高外包的绩效。因此，在华经营的企业进行寻求效率的外包战略时，需要重点进行结果控制和过程控制，同时根据与供应商的关系和供应商的忠诚度而适当地进行社会控制。当结果度量性和任务可规划性都较高时，组织控制理论强调不需要使用社会控制（Das and Teng，2001c；Eisenhardt，1985），但在"关系"对企业间合作影响较大的情况下，不管结果度量性和任务可规划性是高还是低，社会控制都是有效的选择。

　　在企业进行寻求创新的外包战略过程中，通常其外包业务的结果度量性和任务可规划性较低，因此，社会控制就成为有效的选择。这与现有的组织控制理论相符（Das and Teng，2001c；Eisenhardt，1985）。在这类外包过程中，企业通过加大社会控制的实施力度能够有效降低潜在的关系风险，并与供应商建立良好的关系，从而尽可能地提高外包绩效。另外，当在华经营的企业进行寻求创新的外包战略时，还需要执行适当的正式控制（结果控制或社会控制）。在中国，外资企业仅仅靠社会控制进行企业间合作会导致供应商的机会主义行为，因此，Li等（2008）等学者也强调在中国企业间合作中正式控制的必要性。在华经营的企业进行寻求创新的外包战略时，主要进行社会控制，同时根据外包业务的结果度量性和任务可规划性适当进行正式控制（结果控制或社会控制）。在进行寻求创新的外包战略过程中，合适的组织控制选择，如图4.3所示。

图4.3　寻求创新的外包战略和组织控制的选择

当结果度量性和任务可规划性都较高时，为成功进行寻求创新的外包战略，企业可以进行社会控制、结果控制和过程控制；当结果度量性较低而任务可规划性较高时，为成功进行寻求创新的外包战略，企业可以进行社会控制和过程控制；当结果度量性较高而任务可规划性较低时，为成功进行寻求创新的外包战略，企业可以进行社会控制和结果控制；当结果度量性和任务可规划性都较低时，为成功进行寻求创新的外包战略，企业可以通过社会控制建立与供应商密切的战略关系，从而尽可能地降低风险并提高外包绩效。

另外，企业需要关注关联知识和能力信任在寻求效率的外包战略与过程控制之间的调节作用。当企业在内部拥有较多的关联知识且跟能力信任度较低的供应商合作时，在进行寻求效率的外包过程中，应当积极采用过程控制以确保外包的成功。当企业拥有较低的关联知识时，由于难以进行过程控制，为确保外包的预期目标，应与能力信任度较高的供应商合作。当企业在内部拥有较少的关联知识且跟能力信任度较高的供应商合作时，在进行寻求效率的外包过程中，可以减少过程控制的实施力度。

（3）外包绩效的有效提升

虽然企业可以通过外包寻求效率或创新，然而不一定所有外包战略的实施都能直接促进外包绩效的提升。因此，现有的关于外包与绩效之间影响作用的理论也呈现出不一致的研究结论。外包是一个复杂的过程和综合的概念，因此，企业在进行外包时需要综合考虑外包过程中相关因素之间的作用。在本书中，这些因素包括外包战略模式、组织控制与外包绩效。换言之，企业可以根据不同的外包战略选择不同组织控制的实施力度，从而最大限度地提高外包绩效。

本部分的内容是对前两点决策建议的综合。在企业进行外包的过程中，首先需要分清楚外包战略的模式，然后进行有效和可行的组织控制，通过实施正确的组织控制而降低或避免外包的风险，同时确保企业的核心能力，提升外包绩效。

4.6.3 研究局限与未来研究方向

本书通过案例研究和统计实证研究，检验了外包战略通过组织控制对企业绩效的影响，以及关联知识和能力信任的调节作用。本书对外包理论和组织控制理论研究做了一定的补充，在企业实际经营方面也得出了一些较有意义的结论，但在理论研究和实证研究过程中仍存在一些局限性，需要在未来研究中进一步深入研究。

由于外包业务的复杂性，本书难以完整地构建外包战略影响外包绩效的概念模型。尽管笔者认为本书所提出的外包战略、组织控制与外包绩效之间的概念模型代表了实际外包业务过程，但是，仍可能有其他因素未被纳入本书的框架之中。由于在外包业务过程中涉及的因素较多且复杂，本书选择的外包战略、组织控制、能力信任、关联知识和外包绩效这五个因素，在对外包实践的描述上可能有所不足，还存在其他因素对外包战略与外包绩效的影响。比如，本书未能在研究模型中综合考虑外包风险的因素。在企业间的合作过程中，关系风险和绩效风险也是影响组织控制的重要变量之一（Das and Teng，1998a）。因此，在未来的研究中，应将这些因素纳入研究模型进一步研究，以建立更为完整的理论模型。

本书在实证研究方面的局限性，主要来自样本数量。尽管本书获得的有效问卷数量基本满足了样本量的要求，但样本量还是限制了本书进行更多的统计检验处理。由于样本数量的限制，本书未能根据企业产权性质、企业所处的行业和外包业务的分类做进一步细分研究。比如，在华外资企业和中国企业在外包过程中会面临不同的关系风险和绩效风险，对风险的感知强度也会不同。因此，不同的企业产权性质会影响不同的组织控制的实施，这很可能导致了本书的案例研究和实证研究结果之间的一些差异。本书的案例研究涉及的案例企业是五家在华外资企业。在寻求创新的外包战略与组织控制之间的关系中，案例研究结果强调的是社会控制和结果控制的重要性，过程控制则发挥补充作用。但大样本数据统计结果表明，寻求创新的外包战略对社会控制和过程控制具有显著影响，对结果控制的影响却并不显著。这样的差异既可通过结果度量性与任务可规划性的高低来解释，也可通过企业产权性质或不同的外包业务来解释。因此，如果在未来研究中增加样本数量，根据企业产权性质、企业所处的行业和外包业务的分类做进一步的比较研究，可能会得出对实际问题更有价值的研究结论。

另外，由于寻求效率的外包战略比较容易实现，大多数的企业也通过采用此类战略实现了成本效率和运营效率的提高。因此，只通过寻求效率的外包战略获得战略优势的方式变得日益困难，在这种背景下，企业开始采用寻求创新的外包战略，这是利用合作关系提升企业的创新能力以获得持续竞争优势的机会。因此，寻求效率的外包战略和寻求创新的外包战略之间的平衡如何影响企业层次的绩效，是未来值得研究的重要问题。

总之，外包战略、组织控制以及外包绩效之间的关系研究是一个崭新且具有理论价值和现实意义的研究，值得在未来进行更为深入的研究。

5 外包任务冲突管理

本书研究探讨了在中国的外资制造企业如何处理与外包供应商之间的任务冲突。借助对中国制造企业的调查数据，本书发现，在实施研发和制造外包时，正式控制和中国关系都是抑制外包任务冲突的有效治理机制。本书还观察到，中国关系调节了正式控制对任务冲突的影响，尤其是在实施研发外包时，这种调节作用更强。通过探索正式控制和中国关系在外包实践中的作用，本书的研究有助于更好地理解如何有效地管理外包中的任务冲突。

5.1 引　言

制造企业越来越认识到通过调动外部组织的知识和能力来提高其运营效率和创新能力（Gholami，2023；Gambal，Asatiani and Kotlarsky，2022；Bengtsson，Von Haartman and Dabhilkar，2009）。此外，在日益网络化的经济环境中，外包已经成为获取竞争优势的重要战略工具（Charles and Ochieng，2023；Han and Bae，2014；Kang，Wu and Hong，2014；Gottfredson，Puryear and Phillips，2005）。当跨国制造商决定外包地点时，他们会考虑多种因素，如成本、技术能力和人力的可用性、基础设施和国家风险（Pawar and Rogers，2013；Boardman et al.，2008；Graf and Mudambi，2005）。由于在这些方面具有较强的竞争力，中国成为全球经济中最具吸引力的外包目的地之一（Wu，Wu and Zhou，2012）。选择中国企业作为外包供应商，制造企业能够获得各种潜在的好处，如降低成本、提高创新能力、专注于核心竞争力和运营灵活性等（Kang et al.，2012a）。然而，这些好处并不总是得到保证，因为在中国也有各种风险因素威胁到外包关系的成功，这些风险因素可能会引起与供应商的冲突（Cai et al.，2022；Lawler，Ford and Blegen，1988）。尤其是在高度关系导向的中国企业文化中，如果不能妥善处理外包冲突，外包企业与供应商的长期关系可能会降低，从而导致关系效率低、交易成本高以及外包绩效不理想（Huo et al.，2023）。

尽管在组织间协作的文献中强调了冲突管理的重要性，但很少有研究探索在外包关系中的冲突管理，尤其是目前还不清楚外包企业如何避免或减轻与供应商之间的外包任务冲突。考虑到在中国采购角色的重要性日益增加，以及中国以关系为导向的文化特征，调查中国环境下外包关系中的冲突管理是一个重要的议题。因此，本书探讨了在中国运营的制造公司如何管理与其供应商的外包任务冲突。更具体地说，本书考虑了外包任务冲突管理的两种特定类型的治理机制：正式控制和中国关系。从治理的角度来看，正式契约和非正式关系机制对于减少合作伙伴的机会主义行为和促进组织间交流的持续性都具有重要作用（Globocnik et al.，2020；Poppo and Zenger，2002）。因此，在中国独特的环境下，正式控制和中国关系都可能是有效的治理机制，对外包任务冲突管理的有效性有重要影响。本书还试图检验中国关系和正式控制在管理外包任务冲突中的互补作用。此外，本书通过使用两个子样本来测试本文的模型，发现不同类型的外包（研发外包、制造外包）需要不同的外包实践的治理机制（Kang et al.，2012a）。

5.2 理论背景和假设

5.2.1 正式控制

正式控制机制包括正式的角色、工作描述、明确的目标和书面形式的程序，通过这些机制，企业可以影响其合作伙伴（Globocnik et al.，

2020；Kirsch et al.，2002）。控制相关的研究强调，正式的控制机制是减少不确定性和合作伙伴机会主义行为的有效措施，因为它们提供了明确的任务和目标规范，从而有助于减少由任务或目标的分歧引起的问题（Li et al.，2010b；Das and Teng，2001c）。如果外包企业未能与供应商建立正式控制机制，就可能面临供应商的机会主义行为、核心竞争力的丧失、对供应商的依赖程度增加、交易成本增加、不必要的冲突和不理想的外包绩效等诸多外包风险因素（Kotabe et al.，2008；Tibor et al.，2006）。外包本质上是通过合同将任务委托给外部供应商，因此明确要求对于降低外包风险、提高外包效益非常重要。

然而，过度使用正式控制机制可能会潜在地破坏信任和长期合作（Christ et al.，2008）。为了解决这一威胁，Kang 等（2012b）在他们的案例研究中强调，外包公司需要将正式控制的重点放在与外包绩效（即质量和交付）相关的关键过程上，以有效降低绩效风险和关系风险。这一论点与强调对所有外包实践采用广泛的控制形成对比。在本书中，当提到正式控制时，并不是指对供应商的严格管控，而是指专门应用于关键过程的正式控制，以确保清晰的外包目标，如质量和交付条款，或明确任务规范，以避免供应商自私的解释或机会主义行为。不同类型的外包可能需要对不同的关键过程进行正式控制，以保证实现预期的外包绩效。例如，当外包服装制造时，对收到的原材料的检验可能是确保外包质量的关键过程。此外，以书面形式阐明外包目标，并基于详细的任务规范实施外包，通常被认为是实现预期外包绩效的重要正式控制实践（Chen et al.，2009；Das and Teng，2001c）。在快速转型中的中国经济环境下，这种正式控制的使用可能对于减少与合作伙伴的冲突和实现长期外包成功至关重要（Kang et al.，2012a）。正式控制是一种重要的治理机制，本书将其纳入研究模型，有望减少外包关系中的任务冲突。

5.2.2 中国关系

中国关系是根植于中国传统文化的一种特殊的中国式关系网络

（Chu et al.，2020），甚至被视为获取企业可持续竞争优势的来源（Chen et al.，2011）。中国关系的特点是互惠和共同责任（Chen et al.，2011）。在文献中，中国关系被定义为"两个人之间非正式的、特殊的个人联系，他们受到一种隐含的心理契约的约束，以遵循关系的社会规范，如保持长期关系、相互承诺、忠诚和义务"（Chen and Chen，2004）。中国关系与一般关系管理的关键区别之一是它们的指导原则不同，Wong（2007）认为，一般的关系管理以合法性和规则为指导，而中国的关系是由道德和社会规范驱动的。

中国被认为是一个以关系为基础的社会。在中国文化中，非正式的个人关系能够在组织间交易中发挥作用（Xin and Pearce，1996）。中国关系作为中国传统文化中一种独特的非正式个人关系，具有影响社会规范和商业规范的力量（Zhai et al.，2013；Wong，2007）。中国人在生活的方方面面都运用关系，它是一个获取市场信息的重要来源，并在谈判过程中具有决定性的作用（Lee and Humphreys，2007；Davies et al.，1995）。在中国运营的外包商也需要发展与供应商的关系。如果外包商和供应商之间没有联系，双方就不会相互信任，各方只注重追求自己的利益。当供应商有多个客户时，它会根据与该客户之间的关系来区别对待每个客户。在危机时期，与供应商有良好关系的外包商会被视为优先客户（Trent and Zacharia，2012）。因此，在中国情境下，关系在买方—供应商中的作用不容忽视（Lee and Zhong，2021；Lee and Humphreys，2007；Su and James，2001）。此外，关系的概念与经济和利益交换有关，也基于相互信任和长期趋势，因此更深的关系隐含着义务、保证和理解（Chu et al.，2020；Chen and Chen，2004）。

5.2.3 任务冲突

冲突是指一方意识到自己的利益受到另一方的负面影响的过程（Wall and Callister，1995）。本书主要关注外包关系中买方和供应商之间发生的组织间冲突（DeChurch and Marks，2001）。在本书中，冲突是指由于对如何执行外包任务存在分歧而发生的任务冲突。这种分歧可能跟外包公司与其供应商之间的观点、想法或意见的差异有关（Jehn，1995）。在交换关系中，交换伙伴之间的冲突往往是不可避免的（Shahzad et al.，2020；Jehn，1995；Lusch，1976b；Rosenberg and Stern，1971），因为交换行为本身就存在利益冲突（Liu et al.，2020；Mallen，1963）。冲突对分销渠道的效率和绩效具有潜在的破坏性（Shahzad et al.，2020；Lusch，1976a），并掩盖了合作渠道行为的累积效应（Palmatier et al.，2006）。如果没有适当的管理，它会阻碍买方和供应商理解或采纳彼此的观点、想法或意见，并可能导致买方或供应商从追求共同的商业目标中撤回资源，或限制或扭曲信息流动（Brown，1983）。营销渠道和买方—供应商关系的研究表明，冲突会对交换伙伴满意度和经营业绩产生负面影响（Hara and Choi，2023；Frazier et al.，1989；Wilkinson，1981）。鉴于满意度和经营绩效是长期导向的前提（Ganesan，1994），外包企业与其供应商之间的任务冲突越大，交易伙伴的满意度就越低，从而阻碍了买方对供应商长期导向的发展。因此，在建立长期合作关系时，缓解买方和供应商之间的任务冲突是很重要的。适当的控制或协调机制可以减少或解决可能成为冲突主要根源的观点、想法或意见的分歧（Poppo and Zenger，2002）。在中国背景下，本书还需要进一步识别治理机制的相关因素，例如，中国关系可以缓解中国文化特有的任务冲突。本书聚焦由任务相关的分歧导致的外包任务冲突，调查了正式控制和中国关系缓解冲突的机制。

5.3　正式控制和任务冲突

从交易成本理论的角度看，由于资产专用性、测量的难度和不确定性，买方—供应商关系存在交换风险（Patil et al.，2023；Poppo and Zenger，2002；Williamson，1991）。例如，买方对供应商的专用资产投资会增加供应商的机会主义。这是因为特定专用资产的投资会提高转换成本，将买家与其供应商锁定在一起。另外，检测的困难性和不确定性也会降低供应商努力实现交付目标的积极性（Poppo and Zenger，2002）。为了处理这种交易风险，学者们往往建议应用更精确的正式合同作为防范合作伙伴机会主义行为的手段（Gopal and Koka，2010；Handley and Benton，2009）。

在外包关系中，模糊不清的目标和业务程序也可能导致供应商出现机会主义行为。特别是在中国等转型经济体，其商业环境具有不确定性，明确外包目标和监控任务，在关键外包过程中适当使用正式控制，对于避免潜在风险和合作伙伴的机会主义行为至关重要（Zhao et al.，2022；Li et al.，2010b，2008），从而减少不必要的任务冲突。相反，缺乏正式的控制使用可能会使外包目标和规范模糊不清，导致供应商出现机会主义行为，并引发外包商与其供应商之间的潜在冲突。因此，本书建议在关键外包过程中实施正式控制，这可能是防止外包任务冲突的一种保障。本书提出以下假设。

假设1：与外包绩效相关的关键流程中的正式控制使用与外包任务冲突负相关。

5.3.1　中国关系与外包任务冲突

对中国关系的现有研究表明，中国关系是中国组织间协作的关键因素之一（Chu et al.，2020；Giannakis et al.，2012；Chen et al.，2011）。因此，本书预期中国关系可能被用作一种重要的治理机制，以管理任务冲突和维护外包公司与其供应商之间的稳定关系。如上所述，中国关系促进互惠的交换、相互信任和理解相互需求的过程（Lee and Zhong，2021；Shou et al.，2011），这会导致外包关系中共同期望的一致性，从而减少外包商与其供应商之间任务冲突的可能性。

任务冲突可能会由于供应商有意或无意的行为而发生。供应商的非故意行为可能源于外包商和供应商之间的误解。中国关系有助于改善外包商与其供应商之间的沟通，以及提高外包商对供应商的信任（Cheng et al.，2012），以此减少任务冲突的可能性。另一种可能导致冲突的供应商故意行为是机会主义行为。根据代理理论，交易双方产生冲突的主要原因之一是奖励和目标的不同，当代理意识到委托人难以监控或评估其行为或表现时，可能会表现出机会主义行为（Eisenhardt，1989b；Eisenhardt，1989a）。当外包商与其供应商之间存在关系时，外包商会被供应商视为首选客户，供应商的机会主义行为就不太可能发生（Trent and Zacharia，2012），从而降低冲突的可能性。此外，由于关系中固有的相互信任，外包商和与其有关系的供应商之间的分歧可以被外包商视为为了双方的利益而解决的小分歧，而不是负面和有害的冲突。因此，当存在分歧时，如果外包商和供应商之间存在关系，外包商对任务冲突的感知可能较低。因此，本书提出以下假设。

假设2：中国关系与外包任务冲突负相关。

5.3.2 中国关系与正式控制的交互效应

外包关系中正式控制的主要目的是通过明确规定外包目标、程序和结果要求，防范潜在的风险因素，使外包绩效结果更具可预测性（Globocnik et al.，2020；Handley and Benton，2009；Das and Teng，1998a）。然而，正式的控制不能对所有不可预测的风险因素提供保障。根据交易成本理论，由于在处理和理解信息方面存在局限性，企业很难预测未来的所有情况，从而导致合作伙伴的机会主义行为（Williamson，1975b）。尽管正式控制是管理外包任务冲突的必要措施，但仅此是不够的，因为不可能以书面形式制定过程和结果需求的每个细节，也不可能完全监控整个外包过程以应对意外干扰。为了实现外包目标，外包公司必须依赖与供应商的关系中一定程度的信任。以往研究也认为，信任、合作等关系治理机制作为补充，能够帮助克服正式控制的局限性（Yang et al.，2011；Luo，2002；Poppo and Zenger，2002）。这样，关系作为中国文化中信任的基础，可以帮助克服正式控制的局限性，并作为一种提高正式控制在减少外包任务冲突方面的补充措施。此外，由于中国与商业伙伴的关系可以促进适应能力（Chu et al., 2020；Chen et al., 2011），与供应商的良好关系可能有助于克服在出现意外干扰时正式控制的适应性限制。当外包企业与供应商建立良好的关系时，双方的关系建立在信任、互惠和长期合作的基础上（Lee and Dawes, 2005；Park and Luo, 2001）。此时即使供应商认识到违反正式合同的机会和动机，他们也不太可能表现得投机（Liu et al., 2009）。相反，供应商倾向于以更积极的方式解释正式控制（如作为提供明确指导和防止不必要冲突的工具）。因此，与供应商建立中国关系可能有助于提高正式控制的有效性。换句话说，外包商与其供应商之间的关系越好，正式控制就越有可能有效地减少双方之间的外包任务冲突。因此，本书提出以下假设。

假设3：正式控制与任务冲突之间的关系受到中国关系的调节，即中国关系越强，这种负向关系越强。

此外，在不同的外包类型下，中国关系对正式控制与任务冲突关系的调节作用可能存在差异。总体而言，与制造外包相比，研发外包具有更高的复杂性和不确定性（Kang et al., 2012a；Bengtsson et al., 2009；Peter et al., 2008），从而可以为供应商提供更多的采取机会主义行动的机会。因此，在实施研发外包时，与外包绩效相关的关键过程的正式控制可能在管理冲突方面发挥更重要的作用。然而，研发外包的低可观察性和可预测性可能会限制正式控制的使用程度（Chen et al., 2009；Ouchi, 1979）。因此，由于实施研发外包时发生不可预测冲突的可能性更大（O'Regan and Kling, 2011；Peter et al., 2008），外包商可能需要应用关系治理（如中国关系）来克服正式控制在减轻潜在冲突方面的局限性（Li et al., 2010b）。此外，研发外包比制造外包涉及更多的隐性知识（Weigelt, 2009；Peter et al., 2008），这也可能限制正式控制在减少任务冲突中的作用。虽然正式控制是通过提供与研发外包任务相关的明确目标和详细规范来约束可预测的任务冲突的非常重要的方法（Kang et al., 2012a；Handley and Benton, 2009；Das and Teng, 1998a），但由于外包商在研发外包过程的早期阶段往往没有提供明确的外包任务目标和规范，因此在实施正式控制时也可能遇到困难。相反，外包商可能需要与供应商密切互动，以便交流想法，确定任务规范，并解决与任务相关的冲突。从这个意义上说，研发外包关系中的中国关系可能会与正式控制一起抑制任务冲突。

基于上述分析，虽然正式控制在管理外包关系中具有一定的重要性，但其在不同类型的外包活动中发挥的作用可能存在差异。在研发外包和制造外包这两类不同的外包关系中，正式控制的效果和局限性可能会受到多种因素的影响，而中国关系在此过程中可能发挥独特的作用。特别是在研发外包中，由于其涉及更高的不确定性和更复杂的任务需求，中国关系或许能够更有效地弥补正式控制的不足，从而增强外包合作的整体效果。本书表明，中国关系在克服正式控制的局限性方面可能发挥更重要的作用，因此中国关系在研发外包关系中比在制造外包关系中更能成为正式控制的重要补充。因此，本书提出以下假设。

假设 4：中国关系对正式控制与任务冲突关系的调节作用在研发外包中比在制造外包中更强。

5.4 研究方法

5.4.1 数据和样本

为了对研究模型进行实证检验，本书随机抽取了中国制造业企业作为调查样本。本书聘请了专业的调查公司，通过其付费服务收集数据。本书聚焦研发与制造外包。为了从可靠的来源收集有关这两种外包类型所需信息的数据，本书要求调查公司只调查从事采购、研发或生产的首席执行官或中层管理人员。本书的分析单元是由制造公司及其供应商组成的外包关系。所有被调查者都被要求评估他们与最熟悉的供应商的外包关系。调查公司发送了4005封邮件，共收集了321份回复，总体回复率为8%。从数据集中剔除了97个不可用的回答（即主要是那些涉及与制造和研发无关的其他类型的外包，或所有答案都相同的回答），得到224个可用的回答，有效回复率为5.6%。表5.1给出了被调查公司的简要描述。外包公司来自各行各业，提供的外包类型几乎平均分为制造外包（50.9%）和研发外包（49.1%）。

表5.1 公司简介

样本特征		百分比/%
年销售额/ 百万元	<5	5.4
	5~30	35.7
	30~300	43.3
	>300	15.6
企业所有权类型	国有	17.9
	民营	44.6
	外商独资	12.1
	中外合资	25.4
外包类型	制造外包	50.9
	研发外包	49.1
行业	机械	25.9
	电子/通信	29.5
	纺织品	8.5
	生活用品	8.9
	生物医药	7.6
	化工	6.3
	新材料	7.6
	食品类	3.6
	首饰	0.9
	其他	1.2

5.4.2 变量的测量

为了测量关键外包过程中的正式控制，本书主要依赖以前的组织控制理论（Chen et al., 2009；Das and Teng, 2001c；Ouchi, 1979）和对一位CEO的采访。正式控制的四个题项包括：（FC1）很熟悉与质量和交货期相关的关键程序（如原材料入库时的质检）；（FC2）严格监控质量和交货期相关的关键程序；（FC3）积极采用书面形式来明确外包目标；（FC4）根据外包业务的详细规格书，与该供应商开展外包业务。

Jehn（1995）四个题项被用来测量外包任务冲突。这些条目包括（TC1）针对该供应商所进行的业务，贵司经常反对对方意见或做法；（TC2）关于解决问题、改善绩效的方案，贵司经常与该供应商产生矛盾；（TC3）贵司与该供应商之间经常产生与外包业务有关的矛盾；（TC4）贵司与该供应商之间经常存在意见分歧。

根据Cheng等（2012）和Chen等（2011）的工作，中国关系的五个要素是：（CG1）经常沟通联系；（CG2）就像朋友一样，无话不谈；（CG3）在重要节日，互相赠送礼物来表达谢意；（CG4）保持着和谐关系；（CG5）乐意互相帮助。

上述所有题项均采用李克特5点量表进行测量，范围从1（非常不同意）到5（非常同意）。本书最初开发了一份英文问卷，然后将其翻译成中文。在进行调查之前，中文问卷经过了两名外包从业者和两名学术研究者的审核，随后又被翻译回英文。两份英文问卷之间并没有实质性的差异，从而验证了中文翻译的准确性。此外，采用虚拟变量衡量外包类型，编码0表示制造外包，1表示研发外包。

本书纳入了两个控制变量（企业规模、关系长度）。一般来说，拥有可观销售额、业务能力和资源可用性的大公司往往比小公司更好地维持与供应商的关系（Weigelt, 2009）。买方与供应商的关系长度通常被视为积累经验的指标，在衡量有效的买方—供应商合作水平时很有用。因此，关系长度和企业规模可能会影响任务冲突和买方与供应商的长期导向。对于关系长度，回应范围从1（0～1年）到6（超过10年）不等。本书使用员工人数的自然对数作为衡量公司规模的指标。

5.5　分析结果

5.5.1　信度和效度

本书遵循Narasimhan和Jayaram（1998）的建议，通过探索性因子分析和Cronbach's α来评估测量信度。通过探索性因子分析，本书排除了中国关系的CG1和CG4两个题项，因为这两个题项交叉加载。在剔除这两个题项后，进行后续的探索性因子分析，揭示了包括正式控制、中国关系和任务冲突在内的三因素结构。根据Nunnally（1978）的研究，Cronbach's α值应大于0.70，以表明良好的内部一致性。本书的评估结果显示，每个变量的Cronbach's α值都大于0.70，如表5.2所示，表明本书的测量项目具有足够的信度。

采用验证性因子分析（CFA）检验效度。在CFA模型中，模型拟合指标为CMIN/DF＝1.437（目标小于2.0），GFI＝0.956（目标大于0.90），TLI＝0.963（目标大于0.90），CFI＝0.973（目标大于0.90），RMSEA＝0.044（目标小于0.06），表明模型拟合良好。所有的因子负荷都在0.533以上，显示出足够的聚合效度。根据Zait和Bertea（2011）的建议，本书使用平均方差提取（average variance extraction，AVE）分析来评估区分效度，其中本书检验了每个结构的AVE值的平方根是否大于其他任何一对结构之间的相关性（Fornell and Larcker，1981）。如表5.3所示，所有AVE值的平方根都大于相应的相关性，表明有足够的区分效度。

本书采用Harman单因子检验评估共同方法偏差（common method variance，CMV）（Hochwarter et al.，2004；Podsakoff et al.，2003；Podsakoff and Organ，1986）。探索性因子分析检验结果显示有四个特征值大于1.0的显著因子，解释总方差的63.313%。第一个因子解释了23.448%的方差，并不是总方差的大部分。结果表明，共同方法偏差在本书中并不是一个严重的问题。

表5.2 信度和收敛效度

变量	题项	载荷	Cronbach's α	组合信度
正式控制（FC）	FC1	0.707	0.707	0.820
	FC2	0.533		
	FC3	0.633		
	FC4	0.588		
中国关系（CG）	CG2	0.658	0.723	0.821
	CG3	0.746		
	CG5	0.660		
外包任务冲突（TC）	TC1	0.752	0.814	0.862
	TC2	0.642		
	TC3	0.708		
	TC4	0.805		

表5.3 平均值、相关系数和AVE（N:224）

	Mean	SD	OT	FC	CG	TC
OT	0.490	0.501				
FC	4.141	0.538	−0.122	0.535		
CG	3.777	0.621	−0.098	0.294**	0.606	
TC	2.167	0.679	−0.009	−0.358**	−0.303**	0.612

注：**$P<0.01$；*$P<0.05$；AVE的平方根在对角线上；OT＝外包类型。

5.5.2 分析与结果

本书通过检验以上假设，对正式控制、中国关系、任务冲突和外包类型之间的关系进行了全面的理解。为了检验假设关系，本书使用SPSS软件（第20版）进行了层次回归分析。表5.4给出了任务冲突因变量的多元回归分析结果。模型1仅包括控制变量（即关系长度和公司规模）；模型2引入了正式控制和中国关系对任务冲突的影响；模型3检验了中国关系在正式控制和任务冲突关系中的调节作用。关于控制变量，结果显示，关系长度对任务冲突有统计上显著的影响，但企业规模对任务冲突的影响在统计上不显著。假设1提出正式控制与任务冲突负相关，得到支持（$b=-0.326$，模型2中$P<0.001$）。假设2提出中国人关系会与任务冲突负相关，得到支持（$b=-0.190$，模型2中$P<0.01$）。假设3预测，当中国关系水平较高时，正式控制与任务冲突之间的负向关系比低水平时更强。这一假设没有得到支持，因为正式控制与中国关系的交互作用的系数在统计上不显著。

假设4预测，在研发外包中，中国关系对正式控制与任务冲突关系的调节作用强于制造外包。如表5.4所示，本书发现，正式控制、中国关系和外包类型对预测任务冲突的三方交互作用显著（$b=-0.416$，模型2中$P<0.05$）。本书还采用Dawson和Richter（2006）的方法进行了斜率差异检验。如图5.1所示，结果表明，高水平中国关系/研发外包的斜率与高水平中国关系/制造外包的斜率（$t=-2.288$，$P<0.05$）、低水平中国关系/研发外包的斜率（$t=-2.284$，$P<0.05$）和低水平中国关系/制造外包的斜率（$t=-2.370$，$P<0.05$）显著不同。此外，本书还进行了额外的多组分析来检验假设4。表5.5给出了制造外包与研发外包比较的回归结果。结果表明，在研发外包的情况下，中国关系对正式控制与任务冲突的调节作用具有显著的统计学意义（$b=-0.260$，模型6中$P<0.1$），而在制造外包的情况下，中国关系对正式控制与任务冲突的调节作用不具有统计学意义（$b=0.137$，模型3中$P<0.05$）。因此，本书的结果支持假设4。这表明中国关系在减少任务冲突方面可以作为正式控制的补充，尤其是在实施研发外包时，这种补充效果更明显。

表5.4 层次回归检验假设结果（N:224）

	模型1	模型2	模型3	模型4
常数	3.195	5.094	5.176	5.141
关系长度	-0.179^{***}	-0.121^{**}	-0.121^{**}	-0.126^{**}
公司规模	-0.050	-0.046	-0.044	-0.038

续　表

	模型1	模型2	模型3	模型4
OT	−0.040	−0.102	−0.102	−0.061
FC		−0.334***	−0.347***	−0.333***
CG		−0.197**	−0.206**	−0.223**
FC*CG			−0.065	−0.058
FC*OT				−0.185
CG*OT				−0.080
FC*CG*OT				−0.416*
R^2	0.096	0.216	0.217	0.236
调整后R^2	0.083	0.197	0.195	0.204
F	7.723***	11.924***	9.991***	7.323***

注:***$P<0.001$;**$P<0.01$;*$P<0.05$;因变量:任务冲突;OT=外包类型(1=研发外包,0=制造外包)。

表5.5　研发与制造外包的层次回归分析结果

	制造业外包($N=114$)			研发外包($N=110$)		
	模型1	模型2	模型3	模型4	模型5	模型6
常数	2.726	4.541	4.387	3.632	5.478	5.848
公司规模	0.012	−0.004	−0.007	−0.119	−0.092	−0.077
关系长度	−0.156**	−0.083	−0.084	−0.200*	−0.154+	−0.162**
FC		−0.288**	−0.257*		−0.362*	−0.399**
CG		−0.209*	−0.200*		−0.189+	−0.256*
FC*CG			0.137			−0.260+
R^2	0.067	0.181	0.189	0.143	0.262	0.286
调整后R^2	0.050	0.150	0.151	0.127	0.234	0.251
F	3.9*	5.9***	5.0***	8.0***	9.3***	8.3***

注:***$P<0.001$;**$P<0.01$;*$P<0.05$;+$P<0.1$;因变量:任务冲突。

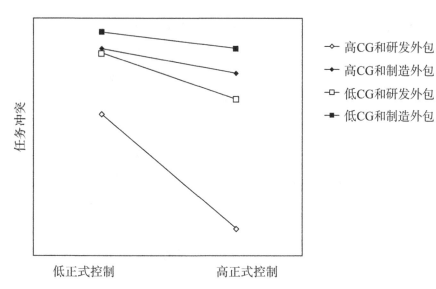

图5.1 正式控制、中国关系和外包类型之间的三向交互作用(CG＝中国关系)

5.6 讨　论

本书从外包企业的视角出发,为在中国情境下如何管理外包关系中的任务冲突提供了理论和实践启示。本书发现了正式控制和中国关系这两种重要机制,外包企业可以利用这两种机制来避免或减轻任务冲突,从而提高外包关系的有效性。

5.6.1 理论意义

尽管外包关系具有战略重要性,但人们对外包公司如何管理与其供应商的任务冲突缺乏清晰的理解。本书通过调查正式控制和中国关系如何帮助外包公司避免或减轻外包任务冲突,揭示了这一问题。这是一个重要的问题,因为任务冲突可以对长期合作和外包绩效产生关键影响。

第一,本书的结果表明,正式控制有助于减少外包任务冲突。与Narasimhan 等(2010)的研究结果一致,正式控制作为一种重要的失败预防实践,通过确保外包目标的明确性、外包过程的完整性和合同规范,是避免和减少不必要外包任务冲突的有用措施。本书的结果也与 Li 等（2008）的研究结果大致一致，该研究强调了正式控制在处理高环境不确定性和合作伙伴的机会主义行为方面的重要作用。因此，在与外包绩效相关的关键过程中，正式控制是一种有用的治理机制，可以减少与供应商的外包任务冲突。

第二，本书的结果表明，中国关系作为中国关系治理的一种形式（Cheng，2011），也有助于减少外包任务冲突。理解中国关系的作用有助于与供应商建立长期的外包合作关系，以及处理外包任务冲突。由于中国关系本质上包括互惠交换、相互信任和长期倾向（Chen et al.，2004），它通过减少与外包任务相关的目标、想法和意见的差异，减少外包任务冲突。如果买方和供应商之间没有建立良好的关系，短期的利益追求可能导致双方都以自我为中心，并试图在外包关系中获得优势。因此，当冲突发生时，双方都会试图保护自己的利益，这可能会使冲突恶化。相反，若双方建立了牢固的关系，在遇到困难、紧急情况甚至冲突时，总有一条畅通的沟通之路。关系促使双方从长远的角度出发，相互帮助，解决冲突或问题，追求互利。有时候，有良好关系的公司甚至愿意牺牲自己的短期利益来解决问题，或者帮助对方摆脱困境来维持长期关系。

第三，在实施研发外包时，正式控制与任务冲突的负向关系随着中国关系的增加而增强。虽然对于有效的外包关系来说，正式控制是必要和重要的，但仅靠正式控制是不够的，因为不可能监控所有的过程和意外的风险因素。因此，以往的研究强调信任、合作等关系治理机制在增强正式控制使用有效性方面的作用（Yang et al.，2011；Poppo and Zenger，2002；Luo，2002）。然而，本书的发现与以往研究的这一重点并不完全一致。本书发现，中国关系作为一种关系治理机制，在缓解外包任务冲突方面并不总是作为正式控制的补充。具体而言，在研发外包的情况下，中国关系和正式控制作为互补作用共同约束任务冲突，而在制造外包的情况下则没有。研究结果表明，研发和制造外包在不确定性和复杂性方面的不同性质可能会影响中国关系和正式控制在减少任务冲突方面的互补作用。也就是说，中国关系对正式控制与任务冲突之间关系的调节作用根据外包类型的不同而有所不同。因此，本书预计，在具有高度不确定性或复杂性的外包关系类型中，中国关系可能会对正式控制起到重要的补充作用。

总之，本书发现中国关系和正式控制都是有用的治理机制，外包公司可以使用它们来管理中国背景下可预测和不可预测的任务冲突。本书还发现，在实施研发外包时，中国关系可以作为正式控制的补充，从而改善任务冲突管理，但在实施制造外包时则不然。这些发现增加了本书对在实施不同类型的外包时有效使用正式控制和中国关系来管理任务冲突的认知。换句话说，在存在高度不确定性或复杂性的情况下，关系治理机制（如中国关系）可能对正式控制发挥更重要的补充作用。

5.6.2 实践意义

当生产和研发等关键职能被外包时，外包企业依赖于供应商的专业技能、规模和知识。这种对供应商的依赖促进外包商对供应商的长期导向，以确保从关系中获得利益（Ryu et al.，2007；Caniëls and Gelderman，2007；Kraljic，1983），但同时也导致供应风险因素产生（Caniëls and Gelderman，2007；Kraljic，1983）。外包作为外包企业与其相应的供应商之间的合同协议，在双方之间产生一定程度的相互依赖和不对称的权力关系（Caniëls and Roeleveld，2009）。在这种不对称的权力关系中，一些冲突是不可避免的（Lawler et al.，1988）。由于频繁的任务冲突会阻碍长期的外包关系，因此确保有有效的措施来处理冲突并减少其影响是非常重要的，以便促进与供应商的长期合作并实现期望的外包绩效。

特别是在中国的背景下，如果在外包实践中没有适当的正式控制，外包公司可能会面临各种风险因素，如供应商的机会主义行为和令人失望的外包绩效（Kang et al.，2012b；Kotabe et al.，2008；Lau and Zhang，2006）。因此，外包企业需要在关键的外包过程中进行正式的控制，以避免和减少潜在的任务冲突。特别是，考虑到中国经济转型期中相对较高的商业环境不确定性，在与外包绩效相关的关键过程中适当使用正式控制，有助于提前明确外包过程中各方的责任和义务，从而避免因产品或过程规范的模糊性而引起的冲突。然而，正如前面所解释的那样，过多的正式控制可能会对信任关系产生负面影响。因此，外包公司需要确定影响外包质量和交付的关键过程，并将正式控制工作集中在这些关键过程上，以便有效地管理与供应商之间不必要的任务冲突。

同时，外包商必须了解中国关系在外包关系中的作用，并与供应商建立关系，以便利用这种中国特有的现象来管理任务冲突，并与供应商保持长期的外包合作。当意外的任务冲突（关于如何解决问题的分歧即生产线故障、工程变更、交付和质量问题）发生时，与供应商保持良好关系的外包公司可以利用这种关系促进基于信任的互动和有价值的资源和信息的交换，从而更顺利地解决这些冲突。

此外，外包公司应培养与外包合作伙伴的中国关系，以弥补管理意外冲突时正式控制的局限性，特别是在实施研发外包时。由于商业环境存在不确定性，在中国等新兴经济体实施研发外包的企业经常会遇到意想不到的问题和冲突。此外，研发外包的高复杂性和不确定性以及低可观察性和可预测性使得实施正式控制更加困难。在这种情况下，外包企业应该利用中国关系等关系治理机制来克服正式控制使用的局限性。因此，外包企业不仅要确保在关键过程中使用正式控制，而且要培养与供应商的中国关系，以直接减少冲突，间接克服正式控制的局限性。

5.6.3 局限性和未来研究方向

本书为在中国情境下如何有效地管理外包任务冲突提供了有价值的参考。尽管如此，本书仍存在一些局限性和有待进一步研究的问题。

首先，本书通过单一的信息来源检验了所提出的研究假设。虽然Harman的单因素检验结果表明，共同方法偏差在研究中并不是一个严重的问题，但使用单一来源而产生的潜在的共同方法偏差可能并没有完全消除。此外，本书的信息来源为外包公司，因此难以从供应商的角度理解外包关系绩效。为了提高测量的可靠性，并增加对解决冲突问题的供应商视角的理解，建议在未来的研究中使用从外包商和供应商两方面收集的数据。

第二，本书的结果表明，正式控制和中国关系都对外包关系中的任务冲突有负面影响。然而，这样的发现并没有解决任务冲突是否可能在外包关系中产生一些积极影响的问题。虽然外包任务冲突总体上存在负面影响，但本书仍然认为，在特定的交易和情境条件下，外包商与其供应商之间的外包任务冲突可能会对外包绩效产生积极影响。因此，考虑各种权变因素，任务冲突对外包绩效的影响值得进一步研究，这可能会进一步扩展本书对更有效地管理外包关系中的任务冲突的方法的认识。

第三，本书揭示了中国关系在更有效地管理外包关系任务冲突中的重要作用。然而，中国关系对任务冲突的影响还有待进一步研究。中国关系是一个复杂的、多维的概念。尽管中国关系在外包冲突管理中至关重要，但未来的研究仍需要更仔细地解决中国关系的复杂性。一些学者提出了关系的各种好处，而另一些人则认为关系会带来腐败和道德风险。根据以往的研究，关系是一把双刃剑，既可以带来积极的结果，也可以带来消极的结果。考虑这些关系的不同结果，进一步研究关系的影响时可以采用多维的关系观，如Su和Littlefield（2001）提出的寻求关系和寻租关系，将是一个有趣而有意义的方法，而这些可以加深本书对如何在中国外包背景下管理任务冲突的理解。

6 基于采购矩阵的谈判战略

本章的研究将探讨如何将采购矩阵管理与采购谈判模式相结合。我们的现场测试进行了现场访谈和由77名采购专业人员进行的后续实验测试这两个步骤。基于Kraljic（1983）采购矩阵，我们提出了有效的采购谈判模式（即为杠杆项目的竞争性谈判、为战略项目的协作性谈判以及为瓶颈项目的适应性谈判）。有趣的是，买家会根据不断变化的转换成本、对特定供应商的依赖程度以及替代供应商的可用性来调整谈判模式。

6.1 引　言

Kraljic（1983）提出的KPM（Kraljic's purchasing matrix，采购矩阵）框架是采购管理理论和实践中被认可的战略工具之一（Luukkainen and Kähkönen，2023；Pagell et al.，2010；Gelderman and Van Weele，2005；Kraljic，1983）。以往的研究强调，KPM是管理复杂供应商的有效框架（Saputro et al.，2022），其他研究则对原始KPM的研究进行了一些改进，表明买家会根据权力和依赖关系制定长期采购策略并选择供应商，或者根据不断变化的客户需求调整供应商策略（Pagell et al.，2010；Caniëls and Gelderman，2005）。关于疫苗采购的研究也表明，权力关系的性质会影响买方与供应商谈判的方式（Pazirandeh and Norrman，2014）。由于KPM框架中的采购项目具有不同的权力和依赖情景，因此买家不仅需要应用差异化的供应商关系（Caniëls and Gelderman，2007），还需要适当的谈判方式。鉴于谈判在采购职能中的战略作用，对于买家来说，不仅要对广泛使用的KPM框架有一定的理解，而且要了解如何在具体的采购谈判中应用该框架。然而，目前尚不清楚如何将KPM逻辑转化到买家的实际谈判情境中。为了解决上述问题，本书探讨采购专业人员如何在KPM框架不同的情景中应用合适的采购谈判模式。

通过关注采购矩阵管理和谈判模式之间的关系，本书试图对采购矩阵管理的文献作出贡献，并为从业人员在不同采购情况下选择适当谈判模式提供一定的指导。

6.2 采购矩阵管理和谈判模式

采购矩阵管理，即将采购策略与部件特性联系起来，这已被证明是买家常用的方法。KPM最早出现在1983年的《哈佛商业评论》上，但它仍然是一种被长期采用的模型（Pagell et al.，2010；Gelderman and Van Weele，2005）。通过将采购项目的特征与战略联系起来，KPM促进了战略采购和供应链管理研究的发展（Saputro et al.，2022；Knight et al.，2014；Pagell et al.，2010；Caniёls and Gelderman，2005；Dubois and Pedersen，2002）。作为Kraljic（1983）研究的延伸，已经引入了大量类似的采购矩阵模型，但它们可能在细微差别或细节水平上略有不同（如通过使用复杂性替代供应风险）（Caniёls and Gelderman，2005；Lilliecreutz and Ydreskog，1999）。Kraljic（1983）要求买家根据利润影响和供应风险对他们的采购项目进行分类，由此产生杠杆项目、战略项目、非关键项目和瓶颈项目四种项目矩阵，以便最优地分配他们稀缺的时间和资源，以实现价值最大化（Cooper et al.，1999）。图6.1显示了KPM框架和对应于每个项目的供应商管理的建议。

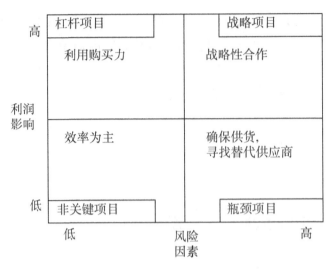

图6.1　Kraljic采购矩阵和供应商管理方案

杠杆类物品具有供应风险低、收益潜力大的特点。买家很容易找到替代供应商，这些替代供应商能够供应大量的杠杆物品，且价格和质量相近。杠杆项目代表了相对较高的购买量和占总成本的较高比例（Caniëls and Gelderman，2007）。根据购买组合理论，对于杠杆项目，通常建议采用积极的方法，如充分利用购买力（Caniëls and Gelderman，2007；Kraljic，1983）。先前的研究还表明，短期到中期的供应合同比长期承诺更适合杠杆项目（Caniëls and Gelderman，2007；Kraljic，1983）。战略项目被定义为高供应风险和高利润潜力，Kraljic（1983）基于供应市场实力和买方优势，提出了管理战略项目的三种方法，即开拓、平衡和多样化。战略项目的主要风险缓解办法包括与供应商和替代合作伙伴建立密切的战略伙伴关系，以减少过度依赖单一合作伙伴所带来的风险（Saputro et al.，2022；Caniëls and Gelderman，2007；Kraljic，1983）。瓶颈项目在供应方具有较高的风险因素和较低的利润潜力。由于这些部件通常是罕见的、难以替代的，供应链经理在处理它们时可能会面临大的挑战，如库存短缺、制造中断、质量控制问题、供应商依赖等。因此，瓶颈部件会增加企业的运营复杂性，并需要额外的投资来预防风险。在这种情况下，采购矩阵管理文献提供了两个具体建议：短期内保证供应和长期内寻找备用供应商（Caniëls and Gelderman，2007；Caniëls and Gelderman，2005；Gelderman and Weele，2002；Kraljic，1983）。

KPM由于其简单易行、适用性强的特点，已成为战略采购管理的有效工具。然而，随着供应链复杂性的增加，有效的采购需要企业间网络中的高水平互动协调（Kang et al.，2012），因此简单的KPM逻辑不一定适用于复杂的采购场景（Kang et al.，2012a）。由于谈判在实现成功的买方—供应商冲突管理和协作结果中起着重要作用（Welbourne and Pardo-del-Val，2009），因此将KPM与谈判联系起来有助于补充和扩展现有的KPM理论框架。

以往的研究区分了四种类型的谈判：适应型（accommodate）、合作型（collaborative）、竞争型（compete）和避免型（avoid）（Tangpong and Ro，2009；Nauta and Sanders，2000；Pearson and Stephan，1998；Thomas，1992）。适应型谈判采用一种妥协的方式，根据对方的期望进行调整，必要时甚至愿意暂时放下自己的利益。尤其是在某一方具备显著的议价优势，并通过施加一定压力来维护自身利益时，较弱的一方可能会采取妥协的方式，承担必要的牺牲并付出额外的努力来维持合作关系。合作型谈判类似于解决问题和整合谈判方式，为所有参与的各方创造双赢的选择和相互满意的解决方案（Brooks and Rose，2004）。这种谈判模式通常涉及共享信息和保持合作态度，以实现双方利益最大化。竞争型谈判类似于分配谈判，因为它强调输赢的策略和零和博弈的竞争本质（Brooks and Rose，2004）。因为在使用竞争性谈判时，各方都追求自己的利益，而不太关心他人的利益，这种谈判方式常常伴随着对对方的要求施压、信息隐瞒以及低度合作和高度自信的态度。回避型谈判强调由于缺乏自信和合作意愿而从冲突情境中退出。这种方法往往忽视了寻求双方共同利益的可能性，倾向于避免讨论和解决分歧。

在不同的采购环境下，采购人员会根据供应风险的不同和合同条件的差异，灵活运用多种谈判模式的组合，以实现理想的采购目标

（Ganesan，1993）。KPM 中的各个项目，各自代表着不同特点的交易环境，其供应风险和利润潜力各异。然而，如何在 KPM 的不同项目中选择恰当的谈判模式，对于采购专业人员来说，仍是一个待解的问题。针对这一研究空白，本书致力于深入探讨 KPM 与谈判模式选择之间的内在联系。在 KPM 的四个采购项目中，本书主要聚焦三个关键项目，即战略项目、杠杆项目和瓶颈项目。由于非关键项目的供应风险和利润潜力较低，我们排除了可能不需要认真谈判需求的非关键项目。对于非关键项目，采购人员往往不需要进行复杂的供应商谈判，而是采用标准化的采购流程，包括标准化程序和电子采购（Gelderman and Semeijn，2006；Kraljic，1983）。

在中国的采购实践中，文化传统会影响谈判模式（Chuah et al.，2014；Ma，2007；Woo and Prud'homme，1999；Herbig and Martin，1998）。儒家强调纪律化的社会秩序，主要体现于服从、尊重和忠诚的价值观中；而道家则崇尚耐心、和谐与谦逊的哲学。这两种社会哲学之外，中国历经数千年沉淀形成了丰富多彩的文化规范。在中国文化中，社会和谐历来备受推崇，因此先前的研究认为，中国谈判者更有可能以妥协的方式解决问题，以避免关系冲突（Chuah et al.，2014）。同时，面子观念和人情交换意识在中国文化中占据了重要地位，它们以互惠为基础，构建起了强大的关系网。一方面，中国谈判者更倾向于与合作伙伴发展并保持长期关系（Leung et al.，2011；Leung and Chan，2003）。另一方面，中国谈判者倾向于隐藏自己的情绪，将想法藏于心中，这使得谈判中的沟通往往含蓄而隐晦。因此，中国的谈判常常包含了大量的隐性信息（Ma and Jaeger，2010；Ulijn et al.，2005），这使得预测实际的谈判结果变得更加困难。在这里，我们认为，这些文化因素影响了中国采购实践者在不同采购情境下选择和应用特定的谈判模式。

6.3　案例研究

　　关于从业者如何在KPM的不同背景下进行实际谈判的研究有限。因此，为了探索KPM与相应的谈判模式之间的关系，本书采用了案例研究和实验研究相结合的方法，来探讨"如何"和"为什么"这些情景问题（Yin，2009）。首先，采用关键信息提供者方法展开案例研究，通过实证观察采购从业者的实际谈判实践，了解采购从业者如何在KPM框架中运用不同类型的谈判模式。其次，我们对77名中国采购专业人士进行了实验测试，以探索采购专业人士在模拟的采购情境中如何选择谈判模式。通过结合单个案例研究和实验测试，本书试图为从业者如何选择适当的谈判风格以及如何将其与KPM框架联系起来这两方面，提供更为全面深入的理解。

6.3.1　案例选择

　　为确保实验研究与案例研究之间能够进行对比分析，并保证相似的行业背景，我们选择了一家在中国运营的外国电子制造公司，并专注于企业在企业交易中的谈判实践。为了保密，我们暂且称这家公司为"HPS"。HPS是一家领先的开关电源供应商（SMPS），不仅在中国湖北省经营一家制造工厂，还在上海设立了业务部门。其上海业务部门的核心职能包括研发和采购零部件，其主要作用包括开发SMPS产品以及寻找各种电子和机械部件的可靠供应商。

6.3.2　数据收集和分析

　　为了对研究问题进行多角度的深入剖析，我们收集了背景数据，如物料清单（BOM）、供应商和价格信息以及工作程序。在进行访谈之前，我们收到了HPS的一个主要产品的BOM清单，该清单由73个零部件组成。BOM清单包括每个部件的部件号、描述、单价和数量。根据HPS内部的元器件管理程序，我们将BOM清单中的73个零部件分为5类，并在访谈前分析了材料的成本结构。表6.1显示了HPS部件信息的概述。

表6.1　HPS物料清单(73个部件)

大类	部件	占总材料成本的百分比/%
电感器	变压器(11%)、电感(3.8%)、磁芯(0.5%)	15.3
电容器	电容器(15.4%)、贴片电容器(1%)、X-Y电容器(4.9%)	21.3
电阻	压敏电阻(0.6%)、热敏电阻(0.5%)、贴片电阻(1.7%)	2.8
半导体	二极管(5.3%)、晶体管(9.8%)、保险丝(1.3%)、控制器IC(11.6%)、OP-AMP(0.8%)、光耦(1.2%)	30.0
结构件	标签(0.7%)、连接器(0.8%)、盒子(8.6%)、PCB(6.7%)、散热器(5.5%)、塑料外壳(8.3%)	30.6

在收集数据时，我们采用了关键信息提供者方法（Phillips and Lynn，1981）。根据这种方法，HPS的部件工程师的选择不是随机的，而是基于他的特殊经验和知识。具体来说，该关键信息提供者在HPS采购实践中，拥有数年的部件采购、质量测试、价格谈判和供应商选择等实践经验。关键信息提供者方法是通过采访具备研究主题专业知识的特定信息提供者来收集深入数据的有效方法。这种方法的潜在缺点是，由于"每个信息提供者存在的立场偏差或知识不足"，因此会产生测量误差（Phillips and Lynn，1981）。为了克服这一缺点，我们采访了另外三位相关人员，即CEO、采购经理和生产经理，以构建更丰富的情景并提高数据的可靠性。

为了保持所有访谈的一致性并系统地收集数据（Eisenhardt，1989a），我们采用了基于预先设计的访谈协议的半结构化访谈，其中包括收集与商业环境和盈利能力相关的HPS的一般信息（即部件的购买量、总采购成本的百分比、对产品质量或业务增长的影响等）、每个部件的供应风险因素（即供应商数量、供应商权力、可替代供应商的可用性、对供应商的依赖）以及相应的谈判模式。

根据HPS主要产品所使用零部件的基本信息，我们对零部件工程师进行了访谈，调查了各零部件的利润影响因素和供应风险因素。基于这一初始访谈数据，我们将每个部件放入KPM的四个框架中。表6.2展示了各部件的采购矩阵分类和分类依据。例如，HPS的零部件工程师对电容部件的低供电风险进行了评论："中国市场上有很多电容器制造商。这些供应商在质量、交货和成本等方面均可满足我们的要求。"他还提到了电容器的低供应风险，因此电容器被归类为高利润影响（占总材料成本的百分比高，对最终产品的质量和可靠性的影响大）和相对低的供应风险（如许多可靠的供应商和相对较高的标准化水平）杠杆项目。具体而言，PCB、散热片和变压器被归类为瓶颈项目。在中国HPS运营初期，这三种部件属于瓶颈项目，主要是因为其采购量小、标准化程度不高。然而，由于购买量的增加和HPS对定制部件的标准化工作，这些部件被转移到其他三个项目中。HPS部件工程师也确认了表6.2分类的合理性。之后，我们对HPS的谈判实践进行了深入的采访，采访对象包括零部件工程师、首席执行官、采购经理和生产经理。单次采访持续约两小时，并记录下来供后续分析。按例报告由零部件工程师审阅，以验证构思效度（Yin，2003a）。

表6.2　零部件采购矩阵分类依据

项目	部件	特征
杠杆项目	电容器、晶体管、塑料外壳、PCB（印刷电路板）	● 占总制造成本的比例很高 ● 对成品的质量影响很大 ● 许多可靠的供应商 ● 高水平的零部件标准化
战略项目	变压器、集成电路控制器	● 占总制造成本的比例很高 ● 对成品的质量影响很大 ● 供应商对成品开发的贡献水平很高 ● 供应商数量有限（IC控制器） ● 零部件标准化水平低（变压器）

续　表

项目	部件	特征
瓶颈项目	PCB、散热片、变压器	● 标准化程度低的定制部件 ● HPS启动初期订单量小 ● 随着HPS增加订单量,转移到其他项目
非关键项目	贴片电阻、压敏电阻、热敏电阻、二极管、连接器、盒子、标签、磁芯、散热器、电感、贴片电容、X-Y电容器、OP-AMP、保险丝、光耦	● 占总制造成本的比例低 ● 对成品的质量影响小 ● 可替换的供应商多 ● 元器件标准化水平高(电阻、二极管、连接器、铁芯) ● 散热器和盒子的标准化水平较低

6.4　实验研究

6.4.1　参与者

　　来自五家在中国经营的外资公司中的至少有两年工作经验的采购专业人士参加了这次测试。这些公司包括一个国际采购办事处和四家生产家用电子产品、打印机、笔记本电脑、半导体和LCD面板的制造公司。共77名参与者参与了这项研究。在这些采购专业人员中,72人来自研发采购部门,2人来自采购管理部门,3人来自MRO(维护、维修和运营用品)采购团队。换言之,大约93.5%的参与者从事研发采购工作,他们的主要职责是通过协调研发工程师和供应商之间的活动来支持新产品开发项目。鉴于他们的工作经验,这些参与者中的大多数人都有着丰富的与供应商谈判的经验,并且熟悉采购谈判惯例。因此,参与者的背景与本书的背景具有很好的匹配性。

6.4.2 情境设置和实验过程

这个实验的所有参与者都被要求扮演"太阳集团有限公司"（一个虚拟的公司名称）的采购经理角色。本书向参与者提供了一份信息表，内容涵盖三个采购项目和与太阳集团有限公司有关情况的口头描述，并向参与者展示了以下虚拟的情境：太阳集团最近完成了一个新的冰箱开发项目，其计划是在它的中国工厂生产这种新产品，并出口到世界上50个国家，预计初期订单量为每月1万台。为了扩大全球市场份额，利用规模经济的效益，太阳集团正在努力通过降低成本来增加销量。具体而言，太阳集团需要降低这种新产品的总材料成本约10%，以成功实现市场扩张。

在这种假设下，"饰演"太阳集团采购经理的每位参与者都被要求选择一种合适的谈判模式来与三个供应商（S1、S2和S3）谈判三个项目（A、B和C）的成本。如表6.3所示，项目A、B和C的假设情境被设计成分别与KPM框架中杠杆项目、战略项目和瓶颈项目的定义相对应。

表6.3 三个采购题项的假设情境

	项目A （杠杆项目）	项目B （战略项目）	项目C （瓶颈项目）
采购项目	冲压件	电动马达	电源线
供应商	S1	S2	S3
零件编号	P7	M7	PR7
目前采购价格/元	150	100	10
平均订单数量/月	10000pcs	10000pcs	10000pcs
总采购成本的份额/%	20	15	3
质量评价	很好	很好	好
交付评估	很好	好	不太好
价格评估	与市场价格相似	适度高	高
项目入口等级	非常低	非常高	低

续 表

	项目A (杠杆项目)	项目B (战略项目)	项目C (瓶颈项目)
市场上合格供应商 数量	很多	不是很多	很多,但获得了不同国家的质量认证的供应商不是很多
项目的战略重要性	对最终客户满意度至关重要	对最终产品质量至关重要	在顾客满意度和最终产品质量方面不是很重要
供应商的工厂利用率/%	70	80~90	90~100

通过对假设情境下的参与者的行为进行实验测试,并在随后的小组讨论中分析导致特定行为背后的思维过程,我们从参与者那里收集了定量和定性数据集。具体的测试程序涉及以下步骤。

步骤1:在培训项目的第一个小时,参与者被告知这四种谈判模式的特点。

步骤2:参与者被要求扮演采购经理的角色,与三个不同的供应商(即S1、S2和S3)谈判部件的成本。

步骤3:向参与者提供了一份信息表,解释了由这三个假设的供应商生产的三个采购项目(即项目A、项目B和项目C)的特征。

步骤4:参与者被要求参与假设的情境,并选择适当的谈判模式以及为降低三个采购项目的成本提出建议。

步骤5:在参与者提交了他们的书面回答后,小组讨论了结果。

6.4.3 测试结果

在上述测试程序的基础上,参与者积极提出了不同场景下特定的谈判模式,并对降低采购项目的成本提出了建议。77名参与者中只有60人提交了纸面回答,提供了丰富的谈判模式选择。表6.4给出了测试结果的总结。

表6.4   被试对不同题项的策略选择

	项目A （杠杆项目）	项目B （战略项目）	项目C （瓶颈项目）
适应	3%	13%	56%
协作	33%	79%	21%
竞争	58%	7%	14%
避免	6%	1%	9%
降低成本的平均目标	16%	11%	10%

6.5   研究结果和命题

6.5.1   杠杆项目的谈判模式

杠杆类物品具有供应风险低、盈利潜力大的特点。在这样的背景下，买家很容易找到替代供应商。根据现有的KPM理论，在管理杠杆项目时，通常建议采用积极的方法，如充分利用购买力和竞争性招标（Caniëls and Gelderman，2007；Kraljic，1983）。以往的研究也强调，对于杠杆项目，中短期供应合同比长期合作更合适（Caniëls and Gelderman，2007；Kraljic，1983）。在实验测试中，我们发现采购从业者对谈判模式的选择与KPM框架接近，但结果也令人惊讶：对于杠杆项目，大多数参与者（58%）选择了竞争谈判，正如KPM所预测的那样。然而，有三分之一的参与者（33%）选择了合作谈判。测试结束后，一名参与者表示："对于项目A，由于采购关系的相互依赖性质，选择合作谈判是很自然的。然而，重要的是要通过积极应用竞争谈判来实现尽可能低的成本。"此外，大多数参与者倾向于通过应用竞争性谈判来获得杠杆项目的最大降价效果。尽管项目A的采购价格与外部市场价格相似，项目B和项目C的采购价格均高于其各自的市场价格，但采购从业者还是决定将更多的精力放在项目A的降价谈判上，而不是项目B或项目C。参与者设定的谈判目标是在项目A上实现平均16%的降价。

　　HPS的CEO和部件工程师都认为，在以下两种情况下，他们选择与供应商进行强有力的竞争谈判：第一，供应商享有充足的可谈判利润空间；第二，当竞争市场压力较大，且客户对降价的需求相当强烈。在这两种情况下，HPS积极与供应商谈判。

　　一般情况下，HPS主要是对杠杆项目和非关键项目进行竞争性谈判。这种杠杆部分谈判的第一个例子是HPS的PCB（印刷电路板）供应商的情况。这种环境有利于竞争性谈判，因为HPS可以在中国市场找到许多高质量的替代PCB供应商。在这种情况下，HPS采取了竞争性的价格谈判方法，最终降价5%。

　　第二个例子是塑料部件。HPS反映说，找到替代供应商相对容易。HPS的部件工程师说："是的，我们可以很容易地在市场上找到塑料部件的可用供应商，但对我们来说，与该部件的当前供应商建立良好和长期的关系是非常重要的，因为该供应商已经为我们的产品开发投资了几种特定的模具。如果我们只是为了降低成本而试图与替代供应商做生意，那么我猜测将与目前的供应商发生严重冲突，而且至少需要两个多月的时间，新供应商才能开发出新的模具，生产塑料部件。"对于这些塑料部件，HPS不会为了降低成本而试图更换目前的供应商，因为预计质量检验和重新建立稳定的供应商关系的转换成本非常高。因此，HPS对塑料部件的供应商采取了合作的谈判方式，而不是竞争性谈判方式。HPS的买方与现有供应商进行了公开的讨论，旨在探讨降低成本的切实需求以及满足HPS最终客户降成本的要求，并能够在不更换供应商的情况下实现成本降低。基于之前的文献及研究结果，我们提出命题1。

　　命题1：在谈判杠杆项目时，竞争性谈判是主要谈判战略，而当更换供应商的潜在转换成本较高时，合作谈判是必要的。

6.5.2　战略项目的谈判模式

　　战略项目与高供应风险和高利润潜力相关联。战略项目的主要风险缓解办法包括与供应商建立密切的战略伙伴关系和寻找替代合作伙伴，以减少过度依赖单一合作伙伴的风险（Caniëls and Gelderman，2007；Kraljic，1983）。在我们的实验测试中，大部分参与者对战略项目选择了合作谈判（79%），而一些参与者选择了适应性谈判（13%）。从参与者的讨论中，我们发现，从业者普遍在认识到战略项目的供应风险和战略重要性时选择合作谈判。另外，为战略项目挑选适应性谈判的从业者解释说，他们认为这是基于相关供应商的权利地位考虑的。

战略项目的第一个例子是HPS的变压器谈判。对于HPS来说，变压器是一个典型的战略项目，原因有三：首先，变压器元件的单价比较高；其次，变压器的质量对成品质量有实质性影响；最后，与变压器供应商的密切合作对提高HPS的产品开发绩效起着非常重要的作用。HPS的CEO提到了变压器部件价格谈判失败的尝试。HPS与变压器供应商谈判，试图实现5%的降价，但供应商坚持维持现有的成本，没有做出任何让步。CEO列出了与变压器供应商这次降价谈判失败的几个原因：变压器供应商的利润空间相当紧张；更换供应商在质量和交付风险方面相关的转换成本非常高；变压器供应商的主要客户为全球大型企业，HPS的订单量仅占供应商总销售额的一小部分。总体而言，HPS对变压器供应商的依赖程度相对较高，这导致了谈判的失败。在这种不对称的权力关系下，HPS的CEO为了与变压器供应商保持长期的合作关系，放弃了变压器部件的价格谈判，转而通过改善付款条件进行了宽松的谈判。

另一个战略项目的例子是HPS的IC（集成电路）控制器。对于IC控制器，保持良好的产品质量需要与供应商密切共享性能信息，联合解决问题。对于这种强大的协作关系，元件工程师评论道："就产品质量和功能而言，IC是开关电源供应商产品最重要的部件。此外，集成电路在产品开发过程中发挥着关键作用，因为不仅集成电路本身影响我们的产品设计，而且集成电路供应商的技术支持对我们进行有效的产品开发也非常重要。在开发阶段，一旦我们在几家供应商中选择了特定类型的IC控制器，我们就只能在生产阶段使用这一种。"

鉴于集成电路的重要性，HPS与集成电路控制器供应商的成本谈判将涉及一系列综合考虑，包括根据行业基准、HPS的采购量、集成电路价格趋势和外汇汇率波动，以共同深入探讨并确定合理的价格水平。HPS采用合作谈判的方式来确定IC的价格，并与这个主要供应商保持长期的合作关系。总而言之，为了保持与供应商的长期关系，HPS在战略项目上采取了协作或适应的谈判模式，以应对许多不同因素，如不断变化的市场条件、供应商的利润率以及买方对供应商的依赖程度。基于这些发现，我们提出命题2。

命题2： 对于战略项目，合作谈判是主要谈判战略，而当买方高度依赖供应商时，适应性谈判是必要的。

6.5.3 瓶颈项目的谈判模式

瓶颈项目与供应方的高风险因素和低利润潜力相关。供应链经理经常遇到与瓶颈项目相关的重大挑战（如库存短缺、制造中断、质量控制问题、供应商依赖等）。这些项目增加了公司的运营复杂性，并会产生意外费用。因此，学者们建议采购经理应该购买安全库存并寻找替代合作伙伴（Caniëls and Gelderman，2007；Gelderman and Weele，2002；Kraljic，1983）。对于瓶颈项目，我们测试中的大多数参与者选择了适应性谈判（56%），而有五分之一的参与者选择了协作谈判（21%）。采购经理倾向于通过使用适应性和协作性谈判来确保稳定的供应量。有趣的是，14%的参与者愿意在这种情况下采用竞争性谈判。这背后的原因是什么？讨论后得知，他们希望通过积极开发备用方案来抵消瓶颈供应商的强势谈判地位。其中一位选择竞争性谈判的参与者说："首先，我会对这家供应商保持让步的态度，但如果能找到替代供应商，我可能会转变为合作或竞争的模式。"在存在备用计划的情况下，参与者愿意采取合作或竞争的模式谈判瓶颈项目，以减轻他们对现有瓶颈项目供应商的过度依赖。

HPS在中国运营初期，PCB、散热器、变压器元器件是瓶颈项目。这些项目都是标准化程度很低的定制元器件，特点是采购量低，这导致供

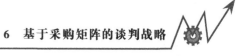

应风险高、盈利潜力低。这些部件大部分是从母公司送到HPS中国工厂的，因此HPS在中国的采购量很小。HPS专注于与这些瓶颈产品的供应商保持长期合作关系，积极分享其在中国市场的未来发展前景。在HPS与这些供应商就价格和付款条件进行谈判时，HPS的目标是通过充分考虑供应商在这种关系中的利益，使供应商满意。然而，随着HPS从这些供应商的采购量的增加，HPS不仅扩大了自身的购买力，也扩大了这些瓶颈项目的供应商数量，从而能够选择其他备用供应商。随后，在与这些瓶颈项目的供应商的关系中，HPS能够逐渐走向更平衡或更主导的权力位置。对于关系的变化，零部件工程师评论道："我们公司在中国运营初期，对于PCB、变压器、散热器等一些高度定制的元器件，由于采购量小，所以我们在获得供应商的有力支持方面遇到了很多困难。为了克服这些问题，我们做了以下两点：首先，我们在产品开发阶段努力提高PCB的标准化水平；其次，我们也努力增加我们的采购量，将采购地点从母公司转移到在中国的子公司。通过这样的努力，我们能够在产品开发阶段获得供应商更有利的支持，并在与供应商的成本谈判中占据更大的优势。"正如KPM框架所建议的那样，我们的研究结果表明，确保供应是处理瓶颈项目的主要目标，因此从业者将采用适应性谈判模式。然而，他们不想长期采取宽松的态度，并试图根据不断变化的供应商关系采取合作或竞争的谈判方式。因此，我们提出命题3。

命题3：在瓶颈项目的谈判中，适应性谈判是有效的谈判方式，而当存在瓶颈项目的替代供应商或买方购买力地位提高时，可采用协作或竞争谈判。

6.6 讨 论

6.6.1 理论意义

本书的发现提供了有趣的结果，这有助于更好地理解采购谈判实践的复杂性。本书的主要理论贡献是将谈判理论纳入KPM逻辑。以往关于

KPM的研究主要集中在供应商管理（Atkin and Rinehart，2006；Smeltzer et al.，2003）。对采购矩阵的研究表明，KPM中四个项目的每一项都使用特定的关系管理策略。例如，在谈判杠杆项目时，一般建议利用对供应商的购买力，因为买方在这种情况下具有相对优势地位（Caniëls and Gelderman，2007；Kraljic，1983）。同样，本书也认识到对杠杆物品采取竞争性谈判的必要性。因此，本书证实，某些谈判模式更适合特定的采购矩阵项目。同时，研究结果还揭示，为了增强谈判有效性，谈判决策还需要进一步考虑转换成本、买方对供应商的依赖以及可替代供应商的可用性等采购情况，如图6.2所示。

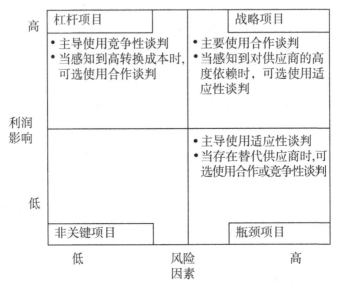

图6.2　Kraljic采购矩阵中的谈判模式

　　总而言之，我们的研究结果表明，KPM的每个项目都可能与特定的谈判模式相关：杠杆项目的竞争性谈判、战略项目的合作性谈判和瓶颈项目的适应性谈判。研究结果还表明，有效的谈判决策应该随着其他环境因素的变化而变化，如转换成本、买方对供应商的依赖和可用的替代供应商等。

6.6.2 实践意义

先进的IT技术的应用和分析能力提高了采购和采购职能的业务效率。然而，在日益复杂的采购环境中，这些进步本身可能不会取代谈判实践。本书的发现为实施有效的采购谈判实践提供了若干参考。

首先，为了获得有效的谈判结果，采购专业人员需要了解KPM及其基于供应风险和利润因素的分类方法，然后根据采购项目的不同类型采用合适的谈判模式。具体而言，杠杆项目的竞争性谈判、战略项目的合作性谈判和瓶颈项目的适应性谈判可以作为首选和合适的谈判模式。然而，从业者不一定每次都会选择那些首选的谈判模式。实践者需要根据更换供应商的转换成本、买方对供应商的依赖程度以及替代供应商的可用性，灵活调整自己的谈判模式，而不是采用单一和固定的方法。例如，在更换供应商的转换成本较高的情况下，合作谈判可能是杠杆项目更合适的方式。此外，从业者更有可能通过提高标准化水平、增加采购量来改变瓶颈物品的采购情况。通过这些方法，瓶颈项目可以转变为KPM的其他项目，随后买家可以将谈判模式从适应性转变为协作或竞争方式。

其次，在进行降价谈判时，采购专业人员需要更多地关注杠杆项目，而不是战略项目和瓶颈项目。一般来说，战略项目和瓶颈项目的供应商对买家的议价能力相对较强。因此，如果采购专业人员在没有充分考虑供应商的供应风险因素和权力地位的情况下，误导地追求降低成本或瓶颈项目的竞争性谈判，这些买家可能无法实现他们预期的降价目标，并可能牺牲与供应商的长期关系。相比之下，由于在谈判杠杆物品时，买家拥有更多的议价能力，采购专业人员可以以相对较低的谈判失败风险实现降价目标。

最后，本书也为中国企业的有效谈判提供了参考。总体而言，我们的研究结果表明，合作不仅是战略项目的主导谈判方式，也是杠杆项目和瓶颈项目的最佳和第二选择谈判方式，这表明中国采购专业人员倾向于对所有采购项目采用合作谈判方式。研究表明，来自集体主义社会的人倾向于选择合作而不是竞争行为（Cox et al., 1991），来自集体主义背景的管理者倾向于信任和回报他们网络中的合作伙伴（Buchan et al., 2002; Cox et al., 1991）。中国通常被认为是一个高度集体主义文化的社会（Huo et al., 2015），因此我们预测买家在紧密商业伙伴的圈子中表现得更加合作。这一结果反映了中国企业整体的谈判模式，即倾向于避免对抗、竞争和冲突，而追求和谐的关系（Shi and Wright, 2003; Zhao, 2000; Kirkbride et al., 1991）。因此，如果采购专业人员只专注于通过利用购买力优势来获得最优惠的交易，并对杠杆物品进行竞争性谈判，他们可能会"赢得一些战斗，但输掉战争"。以牺牲短期利益为代价，可能无法与供应商发展长期的合作伙伴关系，从而自相矛盾地失去了可持续的竞争优势。虽然权力和依赖是理解买方—供应商关系的重要变量，但采购专业人员也应注意理解合作谈判的好处，并在中国的背景下与供应商建立长期关系（Caniëls and Gelderman, 2007）。

6.6.3 局限性和未来的研究方向

值得一提的是，本书并非没有局限性。我们没有提供统计证据来支持关于 KPM 和谈判模式之间关系的命题。我们的命题是在实验测试、77名参与者的小组讨论和单案例研究的基础上提出的。虽然我们的研究提供了有价值的见解，但我们对研究结果的普遍性持谨慎态度。在未来的研究中，本章提出的命题可以通过大量的调查数据进行检验，以生成具有高外部效度的检验证据。未来我们可能会进一步研究在不同的购买情境（如文化维度、权力关系、谈判参与者的认知和行为方面等）中如何采用不同的谈判模式。这将提供丰富的研究机会，使谈判理论与日益复杂的战略采购管理实践相结合。

7 供应商发展对外包绩效的影响机制

在竞争日益激烈的商业环境下，企业将外包作为一种战略工具，以利用全球分散的资源，使其专注于核心竞争力和提高效率。企业越依赖外包，对供应商的依赖就越大，管理和发展供应商以实现和增加外包的效益就越重要。本章利用结构方程模型对中国213家制造企业的数据进行分析，探讨了供应商发展对外包绩效的影响。结果表明，供应商发展对外包绩效有很强的直接正向影响，并且供应商发展还通过降低外包机会主义风险和提高外包灵活性来提高外包绩效。除了对当前外包理论作出贡献外，我们的研究结果还为外包经理提供了关于供应商发展在提高外包绩效中的作用的实际参考。

7.1 引 言

随着商业环境中的竞争日益激烈，企业越来越需要外包非核心产品或活动，并将其大部分资源和能力分配给其核心竞争力（Gambal et al.，2022；Westphal and Sohal，2013；Lankford and Parsa，1999）。外包初期的主要重点是利用全球市场上的成本套利来达到降低成本的目标。这种成本套利外包模式一直盛行到20世纪80年代末（Hatonen and Eriksson，2009）。从20世纪90年代开始，越来越多的企业实施外包，不仅将其作为降低成本的工具，而且将其作为从外部市场获取核心能力的战略举措（Huikkola et al.，2022；Gu et al.，2021；Kang et al.，2012a；Hatonen and Eriksson，2009；Quinn，2000）。这反过来又使企业更加依赖其主要供应商的知识和技能。在我们的实地采访中，一位在华的三星电子公司的经理提道："我们将一些零部件外包给中国制造商。一开始，这些制造商的能力不能满足我们的要求，我们需要帮助他们提高知识和技能，这样我们才能实现外包的目的。"供应商的能力水平可以直接或间接地影响成本、质量、交货效率和技术创新（Freije et al., 2022; Krause and Scannell, 2002）。因此，企业开始更加重视供应商的发展，其目的是不断提高供应商的能力，以更好地服务采购企业的长期需求（Liao et al., 2010; Krause and Scannell, 2002; Krause and Ellram, 1997）。

在过去的几十年里，供应商发展的话题受到了许多研究者的关注（Benton Jr et al., 2020; Sancha et al., 2015; Humphreys et al., 2011; Krause et al., 2007, 1998; Hahn et al., 1990）。以前的研究主要集中在外包的驱动因素、外包流程、供应商选择和评估以及外包绩效（Hatonen and Eriksson, 2009; Jiang and Qureshi, 2006）。在中国背景下，供应商发展的具体作用及其如何提高外包绩效还没有得到足够的研究关注。在过去30年里，中国经济快速增长，已经成为全球最具吸引力的制造业强国和外包目的地之一（Wu et al., 2012）。然而，为了实现成功的外包目标，企业也需要了解中国的特点。

首先，中国正处于机遇与风险并存的转型期（Kang et al., 2012a）。当企业发现有利可图时，可能会有更高的机会主义动机。供应商机会主义被认为是买卖关系中的一种主要风险。它对买方—供应商关系和焦点公司的绩效产生负面影响，并可能导致供应链效率低下和生产中断（Handley and Benton, 2012; Morgan et al., 2007; Das, 2004）。来自合作伙伴的机会主义可能导致供应链伙伴之间的协作失败（McCarter and Northcraft, 2007）。因此，研究机会主义风险在外包中的作用以及供应商发展如何帮助减轻供应商的机会主义行为是很重要的。其次，中国被认为是一个关系社会，个人关系或联系对社会和商业规范都有很大的影响（Wiegel and Bamford, 2014）。在危机时期，中国企业会对与自己有良好关系的企业表现出特殊的好感（Chen et al., 2004）。供应商发展被认为可以提高供应商满意度和承诺（Ghijsen et al.，2010），应该有助于改善买方—供应商关系，促进更大的灵活性，这反过来又会带来更好的外包绩效。这种关系尚未在文献中被探讨。针对上述研究空白，本书旨在探讨供应商发展在实现卓越外包绩效中的具体作用，以及机会主义风险和外包灵活性的中介作用。

外包除了可以给企业带来成本降低、关注核心竞争力、获得更多资源等好处（Kang et al.，2012a）外，还伴随着机会主义风险，这可能会导致外包活动无法达到企业的预期，甚至给企业带来损失等挑战。此外，充满不确定性和变化的动态商业环境要求外包安排具有灵活性，以应对突发情况（Liao et al.，2010；Colicchia et al.，2010）。因此，外包机会主义风险和外包灵活性是外包公司在采用外包作为战略工具以获得或维持其竞争能力时需要牢记的两个关键问题。本书结合实证和文献综述，探讨供应商发展在降低外包机会主义风险和提高外包灵活性以实现预期外包绩效方面的重要作用。本书聚焦于中国制造企业的外包实践，为有效的外包实践提供了参考。

7.2 理论背景与假设

7.2.1 供应商发展和外包绩效

随着商业环境中的竞争日益激烈，企业越来越依赖外包供应商来交付他们所需的产品或服务。然而，每个公司都有自己的做事方式，外包供应商往往不能满足采购公司的所有要求（Krause and Ellram，1997）。在供应商不满意的情况下，购买企业可以转向新的供应商或发展现有的供应商，以提高其能力。供应商的转换需要采购企业基于市场上可替代供应商的可用性和供应商评估重新开始选择供应商。这两种方法都耗费时间和资源，且无法保证对新供应商的满意度（Ghijsen et al.，2010）。供应商的发展也不是没有成本的，但它可以促进供应商的持续改进和长期的买方—供应商关系，这对采购公司和供应商都是有利的，甚至可能对整个行业都是有利的（Benton Jr et al.，2020；Krause and Ellram，1997）。

供应商发展的概念最早由 Hahn 等（1990）提出。它被定义为采购企业旨在提高供应商绩效和能力的活动，以更好地服务于采购企业的长期需求（Liao et al.，2010；Krause and Scannell，2002；Krause and Ellram，1997；Hahn et al.，1990）。随着企业不断外包非核心活动并积累与其核心竞争力相关的能力，供应商发展已成为跨行业的重要供应链管理实践（Krause and Scannell，2002）。一些实证研究表明，供应商发展可以有效地解决与供应商绩效相关的问题，并提高采购公司的运营绩效（Resende et al.，2023；Lu et al.，2012；Krause et al.，1998）。在供应商发展中，采购公司可采取的做法包括但不限于对供应商人员的教育和培训、供应商绩效评估、供应商认可、供应商激励、竞争压力、直接参与改进绩效（如新产品开发）、派遣工程人员和其他买方人员到供应商所在地，以及买家企业在建立供应商能力方面的直接财务投资（Krause et al.，2007；Krause and Scannell，2002；Krause and Ellram，1997）。当采购公司将供应商发展作为其外包战略之一时，其目标是不断提高供应商的绩效和能力，以满足采购公司的要求，这可以通过成本、质量、响应性、灵活性和可靠性来衡量（Handley and Benton Jr，2009；Prahinski and Benton，2004）。在本章中，我们将外包绩效定义为外包达到或超过采购公司对年度总成本、质量绩效、响应能力和可靠性的期望的程度。Nagati 和 Rebolledo（2013）对供应商发展进行了文献回顾，发现在入选的18篇论文中，超过一半的论文得出了供应商发展会使采购企业或供应商绩效提高的结论。供应商发展需要采购公司花费大量的时间、人力和财力。因此，以发展供应商为目标的企业通常计划通过与供应商建立和维持长期关系来利用其资源投资，以使供应商能够满足其外包目标，外包过程能使企业在长期内获得竞争优势。通过供应商发展过程，采购企业还与供应商建立信任关系，从而实现高效的合作，提高外包绩效。因此，我们提出假设1。

假设1：供应商发展与外包绩效正相关。

7.2.2 供应商发展和外包机会主义风险

尽管外包可以给企业带来诸多好处，如降低成本、专注于核心竞争力、获得更多资源（Gambal et al.，2022；Kang et al.，2012a），但外包也存在固有风险。外包风险是指在将产品或服务从外部供应商外包的过程中产生的结果变化或潜在损失（Kang et al.，2012a；Lee et al.，2012；Kam et al.，2011；Das and Teng，2001c）。这些风险可能导致外包无法达到采购企业的预期，甚至带来损失等挑战。虽然有许多原因可能导致不同类型的外包风险，但本书侧重于外包机会主义风险，这种风险对买方—供应商关系绩效会带来负面影响（Skowronski et al.，2020；Lai et al.，2011）。

机会主义行为是交易成本理论中的一个核心概念。它指的是各种寻求自身利益的行为（Williamson，1979b）。供应商的机会主义行为背后有多种原因。当采购企业的利益与供应商的利益存在冲突时，供应商可能会出于增加自身利益的目的而采取机会主义行为。当供应商认为外包过程中缺乏监控机制时，也会发生这种情况。有时供应商甚至会冒着违反协议的风险，因为他们看到机会主义行为的收益高于他们可能为违反协议而付出的代价。交易成本理论预测了这种机会主义行为（Patil et al.，2023；Williamson，1979b；）。供应商的发展促使采购企业和供应商形成长期的合作关系，这种合作关系激励双方以长期为导向，减少供应商机会主义行为的动机。换句话说，供应商的发展会增加供应商投机行为的成本。如果供应商选择违反协议，他们将承担牺牲长期利益的风险，这可能比他们在短期内通过不当行为获得的利益要大得多。这从而会抑制供应商的机会主义行为，降低外包机会主义风险。因此，我们提出假设2。

假设2：供应商发展与外包机会主义风险负相关。

7.2.3 外包机会主义风险与外包绩效

外包机会主义风险是指供应商在外包过程中为增加供应商利益而采取机会主义行为的可能性（Lehtiranta，2011；Das and Teng，2001c）。供应商可能不会完全遵循买方的要求或完全履行已签署的合同中关于产品或服务质量规范、工作程序、交付要求或其他协议的条款。供应商也可能利用合同中存在的任何漏洞。供应商的机会主义行为会增加买方企业对外包安排的结果不满的可能性（Patil et al.，2023；Lai et al.，2011），无论是经济绩效还是战略绩效。供应商的机会主义行为也损害了采购企业与供应商之间的长期合作关系。因此，我们提出假设3。

假设3： 外包机会主义风险与外包绩效负相关。

供应商发展对外包绩效的影响可以是直接的，也可以是间接的（Nagati and Rebolledo，2013；Kaufmann et al.，2012；Modi and Mabert，2007；Krause and Scannell，2002）。供应商发展对外包绩效的间接影响既可以通过增加供应商满足采购企业需求的能力，也可以通过减少危及外包绩效的负面因素来实现。虽然我们预计供应商发展会像假设1中假设的那样对外包绩效产生积极影响，但供应商发展的部分好处是通过减少外包机会主义风险来实现的。供应商的机会主义行为可能会损害焦点企业的绩效，并可能导致效率低下和生产中断（Patil et al.，2023；Skowronski et al.，2020；Handley and Benton，2012；Morgan et al.，2007；Das，2004）。然而，供应商发展通过减少供应商机会主义行为的激励可以缓解这一负面因素。因此，供应商发展通过减轻外包机会主义风险间接影响外包绩效。将假设2和假设3结合起来，我们提出假设4。

假设4： 外包机会主义风险在供应商发展影响外包绩效的关系中起中介作用。

7.2.4 供应商发展和外包灵活性

由于业务流程中涉及的因素众多，业务环境充满了不确定性。通常情况下，事情不会按照计划发生，因此需要灵活处理意外情况。灵活性作为一个重要的概念，学者们从制造、战略到信息系统等不同学术学科的视角进行了研究（Tan and Sia，2006）。它被定义为对环境的变化或不确定性做出反应和适应的能力程度（Liao et al.，2010）。当意外情况发生时，公司需要灵活调整其战略和实践，以克服干扰，避免业务失败。企业采用外包的主要原因之一是提高他们的灵活性（Charles and Ochieng，2023）。然而，由于外包是一个长期和动态的过程，涉及多方且包括不同的任务，企业不可避免地面临许多与外包本身有关的不确定性和变化。因此，灵活性是有效外包实践的潜在重要前提。Tan 和 Sia（2006）将外包灵活性的四个维度概念化，即稳健性、可修改性、新能力和易退出性。根据 Sia 等（2008）与 Tan 和 Sia（2006）的研究，稳健性是服务能力的可变性，它指的是在外包过程中，通过内部能力来解决不同层次的需求、产品组合和资源可用性的不确定性，从而承受外部变化的能力。可修改性是服务属性的变更，它指的是在意外情况发生时做出调整的能力。新能力指的是在现有实践无法应对的环境发生根本变化时的创新能力。易退出性是指当前的外包关系不能满足采购公司的外包目标时，企业能够结束当前的外包关系，转而选择另一个能够更好地服务于外包目的的供应商。本书在前人文献的基础上，将外包灵活性定义为应对和处理外包关系或外包环境中发生的变化的能力（Liao et al.，2010；Sia et al.，2008；Tan and Sia，2006），包括业务量变化、流程异常、新机会、交易环境变化等。

供应商直接影响采购企业的灵活性（Krause and Scannell，2002）。供应商发展有助于提高供应商的能力，以更好地满足采购公司的需求，从而提高外包实践的整体灵活性。以供应商发展为供应商管理策略的企业，其目标是维持和发展与供应商的长期合作关系。他们将供应商视为其战略能力的重要组成部分，并将供应商纳入长期战略计划。采购企业和供应商之间的协作关系使双方能够更好地相互沟通，以应对外包实践中遇到的变化，从而增强外包灵活性（Wee et al.，2010；Koufteros et al.，

2007）。同时，灵活性也是采购企业选择供应商时考虑的标准之一（Chen et al.，2006；Kannan and Tan，2002）。当企业将供应商发展作为其战略供应商管理目标时，他们会根据不同的标准对候选供应商进行综合评价，包括在处理外包过程中可能发生的变化时的灵活性。因此，我们提出假设5。

假设5：供应商发展与外包灵活性正相关。

7.2.5 外包灵活性和外包绩效

企业学习和适应外包过程变化的能力对企业外包绩效具有重要影响（Choy and Lee，2003）。文献反映了灵活性和企业绩效之间的积极关系（Sen et al.，2023；Blome et al.，2014；Merschmann and Thonemann，2011；Anand and Ward，2004）。从成本、质量、响应性和可靠性等方面对外包绩效进行评估。我们预测，供应商在应对市场变化和新需求方面的灵活性，以及在解决意外问题方面的创造性，将导致外包绩效在成本、质量、响应性和可靠性方面的提高。因此，我们提出假设6。

假设6：外包灵活性与外包绩效正相关。

外包灵活性除了直接影响外包绩效外，还在供应商发展与外包绩效之间起到部分中介作用。这种中介关系与资源—能力—绩效关系是一致的（Aragão and Fontana，2023；Kristal et al.，2010；Menor et al.，2007；Roth，1996）。我们认为，供应商发展对外包绩效的好处可以通过外包灵活性的形式来实现。供应商发展使供应商能够更好地理解企业的需求并提供相应服务，从而提高购买企业对市场变化的快速反应能力。这反过来又有助于买家企业在成本、质量、响应能力和可靠性等方面实现更高的外包绩效。因此，供应商发展可以直接导致更高的外包绩效，也可以通过外包灵活性间接影响焦点企业的外包绩效。将假设5和假设6结合起来，我们提出假设7。

假设7：外包灵活性在供应商发展影响外包绩效的关系中起中介作用。

7.3 研究方法

7.3.1 数据和样本

我们收集了在中国运营的制造业公司的横断面调查数据。本书的分析单元是外包公司与其主要供应商之一的单一外包关系。被调查者被要求根据他们最熟悉的外包关系回答研究问卷。为避免不同行业和不同外包类型可能造成的异质性，收集数据的对象仅包括制造业的研发外包和制造外包，此外只有高层管理团队成员和从事生产、研发、采购和质量保证的管理人员被纳入数据收集范围，因为这些管理人员可能最熟悉研发和制造外包实践。基于这一程序，我们总共收集了260份调查回复。在剔除不合格回答（如对大多数问题表示"非常不同意"或"非常同意"的回答）后，样本保留了213份问卷。受访者来自不同的行业，其中24.4%来自机械行业，28.6%来自电子和电信行业，8%来自纺织行业，11.7%来自日常用品行业，3.8%来自制药和生物技术行业，6.6%来自化工行业，11.3%来自新材料行业，1.9%来自食品行业，0.9%来自珠宝行业，2.8%来自其他行业。在年销售额方面，55.8%的企业年销售额在3000万～30000万元（2013年12月31日，1美元＝6.04元），26.8%的企业年销售额在500万～3000万元，16%的企业年销售额超过3亿元，1.4%的企业年销售额低于500万元（见表7.1）。

表7.1　受访者的人口统计数据

样本特征		占比/%
年销售额/ 百万元	<5	1.4
	5～30	26.8
	30～300	55.8
	>300	16.0

续 表

样本特征		占比/%
外包类型	成品制造	28.2
	零部件制造	54.5
	研发活动	17.3
行业	机械	24.4
	电子和电信	28.6
	纺织	8.0
	日常用品	11.7
	制药和生物技术	3.8
	化工	6.6
	新材料	11.3
	食品	1.9
	珠宝	0.9
	其他	2.8
工作岗位	总裁/副总裁	25.8
	生产经理	37.1
	研发经理	18.8
	采购经理	17.8
	质量经理	0.5

7.3.2　变量的测量

基于 Liao 等（2010）的研究，我们测量了如下供应商发展的题项：
（SD1）我们对该供应商进行培训或讲座；（SD2）我们和该供应商有战略
合作关系；（SD3）我们对该供应商提供相关技术支持；（SD4）我们通过
奖励的方式认可该供应商的成绩或表现。

对于外包机会主义风险，我们的衡量方法基于 Das 和 Teng（2001b）
以及 Liu 等（2008）的研究。问卷题项包括：（OR1）该供应商不诚信；
（OR2）如果不进行检查，该供应商会不履行他们的职责；（OR3）该供应商不按承诺办事；（OR4）该供应商机会主义行事；（OR5）我们在外包中和该供应商有很多矛盾；（OR6）该供应商会抄袭我们的管理经验或关键技术进而发展成我们的竞争对手。

外包灵活性的测量量表改编自 Sia 等（2008）、Malhotra 和 Mackelprang（2012）、Blome 等（2014）。问卷中的题项包括：（OF1）我们的供应商通常能够灵活处理订单数量上的变化；（OF2）我们的供应商可以同时处理不同的订单；（OF3）灵活处理外包业务程序的变化；（OF4）迅速更改外包程序；（OF5）及时无误地处理交易条件的变化；（OF6）供应商可以创造性地解决问题。

最后，外包绩效衡量是基于 Handley 和 Benton Jr（2009）以及 Prahinski 和 Benton（2004）的研究。问卷的题项包括：（OP1）降低成本；（OP2）质量绩效；（OP3）对变化的响应性；（OP4）可靠性。我们采用李克特7点量表来衡量受访者对问卷中陈述的同意或不同意程度，7表示"非常同意"，1表示"非常不同意"。除了研究变量外，我们还纳入了几个重要的控制变量，即公司规模、行业类型、外包类型和关系长度。用员工人数的自然对数来表示企业规模。对于行业类型，我们使用虚拟变量，编码0表示高技术制造业（如电子通信、制药和生物技术、新材料），1表示传统制造业（如机械、纺织、化工）。外包类型也用虚拟变量来衡量，编码0表示研发外包，1表示制成品或零部件的制造外包。关系的长度用企业与其主要供应商进行外包业务的时间周期来衡量。

问卷首先以英文为初稿，翻译成中文，然后由不同的译者再翻译成英文，以确保语言翻译的准确性和两种语言的意思相同。为了确保问卷的内容效度，我们进行了全面的文献综述，并将问卷草稿发给了供应链管理领域的三位教授（两位教授在美国，一位教授在中国）和五位专业人士（两位 CEO 和三位外包经理）。我们向他们提供了四个建构的定义和问卷。在填写问卷之前，他们需要评论定义是否明确和调查问卷项目是否合理。通过直接访谈收集的这八个回复被排除在我们的分析之外。

7.4 结 果

7.4.1 信度和效度

对四个主要研究变量的22个题项进行因子分析。高于0.600的因子负载，如表7.2所示。所有衡量供应商发展和外包机会主义风险的项目都负载良好（大多高于或接近0.700）。外包绩效中有一项（OP4）因为负载低而被删除。采用Cronbach's α评价了供应商发展、外包机会主义风险、外包灵活性和外包绩效等各变量的信度。表7.2表明了每个变量的α值都大于0.700，这被认为是可接受的信度阈值。

整体模型拟合采用AMOS评估。每个模型拟合标准的建议值遵循Byrne（2009）、Hooper等（2008）的研究。表7.3提供了每个模型拟合标准的值。它们表明我们的模型具有良好的整体模型拟合。通过验证性因子分析（CFA）评估聚合效度，以评估用不同方法测量同一概念的不同尝试之间的一致程度（Campbell and Fiske，1959）。我们的因子载荷表现出高度的聚合效度，最小因子载荷为0.630。区分效度被用于检查每个构念测量的唯一性，确保每个构念是不同的。根据Fornell和Larcker（1981）的研究，可以通过平均提取方差（average variance extraction，AVE）方法来检验区分效度。如果每个构念的AVE值大于该构念与其他每个构念之间的平方相关值，则判别效度是足够的。从表7.2和表7.4可以看出，没有任何平方相关值大于任何一个AVE值，说明有足够的区分效度。

表7.2 信度

变量	项	因子载荷	Cronbach α	CR	AVE
供应商发展(SD)	SD1	0.680	0.786	0.815	0.525
	SD2	0.690			
	SD3	0.710			
	SD4	0.760			
机会主义风险(OR)	OR1	0.860	0.937	0.878	0.642
	OR2	0.880			
	OR3	0.820			
	OR4	0.860			
	OR5	0.820			
	OR6	0.820			
外包灵活性(OF)	OF1	0.660	0.838	0.896	0.590
	OF2	0.730			
	OF3	0.790			
	OF4	0.650			
	OF5	0.630			
	OF6	0.700			
外包绩效(OP)	OP1	0.720	0.785	0.843	0.546
	OP2	0.730			
	OP3	0.770			

表7.3 整体模型拟合

模型拟合标准	χ^2/df	RMSEA	CFI	TLI	GFI
建议值	$\leqslant 2.0$	$\leqslant 0.06$	$\geqslant 0.90$	$\geqslant 0.90$	$\geqslant 0.90$
价值	1.557	0.051	0.966	0.959	0.904

表7.4 描述性统计和相关系数

	Mean	SD	1	2	3	4	5	6	7
公司规模	5.95	1.11							
行业	0.57	0.49	−0.02						
外包类型	0.81	0.39	−0.17*	0.10					
关系长度	6.35	3.17	0.01	−0.07	0.06				
供应商发展	5.85	0.75	0.10	−0.02	0.14*	0.23**			
机会主义风险	2.64	1.26	0.07	−0.02	−0.18**	−0.23**	−0.30**		
外包灵活性	5.85	0.59	0.06	−0.08	0.16*	0.26**	0.61**	−0.25**	
外包绩效	5.98	0.69	0.04	0.00	0.21**	0.24**	0.70**	−0.39**	0.68**

7.4.2 假设测试

为了检验这七个假设，我们使用一个自变量（即供应商发展）、一个因变量（即外包绩效）、多个中介变量（即机会主义风险和外包灵活性）和几个控制变量进行了回归分析。表7.5、表7.6给出了回归分析和bootstrap分析结果。

表7.5 回归检验结果

	机会主义	外包灵活性	外包绩效	
	模型1	模型2	模型3	模型4
常数	5.243	2.972	2.112	1.302
公司规模	0.076	0.011	措施	措施
行业	−0.051	−0.085	0.003	0.035
外包类型	−0.389	0.123	0.188*	0.098
关系长度	−0.081**	0.024*	0.015	−0.003
供应商发展	−0.374***	0.446***	0.620***	0.389***
机会主义风险				−0.094***

	机会主义	外包灵活性	外包绩效	
	模型1	模型2	模型3	模型4
外包灵活性				0.438***
外包绩效				
R^2	0.140	0.402	0.512	0.625
调整 R	0.118	0.387	0.499	0.612
F	10.65***	97.745***	168.32***	29.87***

注：***$P<0.001$，**$P<0.01$，*$P<0.05$；样本数$=213$。

表7.6　间接影响的 Bootstrap 结果

	Point Estimate	Boot	SE	BC 95% CI	
				Lower	Lower
总计	0.2304**	0.2392	0.0527	0.1446	0.3441
机会主义风险	0.0350***	0.0356	0.0224	0.0052	0.0974
外包灵活性	0.1954**	0.2036	0.0642	0.0853	0.3274
C1	−0.1605**	−0.1680	0.0804	−0.3122	−0.0045

注：***$P<0.001$，**$P<0.01$，*$P<0.05$，Bootstrap 样本数量$=5000$；C1表示两种间接效应的对比，SE表示标准误差，BC95%CI表示95%偏差校正置信区间。

假设1提出供应商发展与外包绩效正相关，得到了较好的支持（模型4的回归系数$=0.389$，$P<0.001$）。假设2检验了供应商发展与外包机会主义风险之间的负向关系，也得到了较强的支持（回归系数$=-0.374$，模型1中$P<0.001$），预测外包机会主义风险会与外包绩效负相关的假设3也得到了支持（回归系数$=-0.094$，模型4中$P<0.001$）。假设5提出供应商发展会与外包灵活性正相关，结果表明，供应商发展与外包灵活性之间存在正向且统计显著的关系（回归系数$=0.446$，模型2中$P<0.001$）。假设6考察了外包灵活性与外包绩效之间的关系，结果表明，外

包灵活性与外包绩效之间存在正向且统计显著的关系，为假设6提供了支持（回归系数＝0.438，模型4中$P<0.001$）。

从表7.5中可以看出，在模型3中，供应商发展的系数是显著的，这意味着供应商发展与外包绩效之间存在着显著的正相关关系。在模型4中加入两个中介因子（机会主义风险和外包灵活性）后，供应商发展的系数仍然显著，但其数值（0.389）较模型3中的数值（0.620）有所下降，说明加入两个中介因子（机会主义风险和外包灵活性）后，供应商发展的系数仍然显著，但该系数减小意味着供应商发展与外包绩效之间的关系受到影响。这表明机会主义风险和外包灵活性在供应商发展与外包绩效的关系中起部分中介作用。此外，按照Preacher和Hayes（2008）的研究，我们启动供应商发展对外包绩效的间接影响，以检验机会主义风险对外包柔性的中介作用。由表7.6可知，总间接效应的真实值为0.2392，95％置信区间为0.1446～0.3441。因为零在这个置信区间之外，我们可以得出结论，总间接效应存在，并且具有统计显著性。机会主义风险和外包灵活性的间接效应分别为0.0356和0.2036。机会主义风险和外包灵活性的95％置信区间也不为零，表明机会主义风险和外包灵活性的间接影响存在，且具有统计学显著性。综上所述，如表7.6所示，供应商发展与外包绩效之间的关系部分受到机会主义风险和外包灵活性的中介作用，支持假设4和假设7。

7.5　讨论与结论

供应链管理文献探讨了供应商管理在提高供应链绩效和公司绩效中的重要性（Prajogo et al., 2012）。随着企业越来越多地将外包作为一种战略工具来增强和保持其在市场上的竞争力，企业与供应商建立长期关系，并在质量、新技术、降低成本、交付和其他相关服务方面发展供应商的能力，以更好地实现其战略目标，这是外包战略的一个关键部分（Krause et al., 1998）。然而，尽管供应商发展在外包实践中非常重要，相关的研究却很稀少。本书通过实证调查供应商发展与外包绩效之间的潜在机制，弥补了这一研究差距。我们的研究结果表明，供应商发展可以直接使外包得到改善。同时，供应商发展也通过降低外包机会主义风险和增加外包灵活性，间接产生更好的外包绩效。以下两部分将对此进行详细讨论。

7.5.1 供应商发展和外包绩效

供应商发展被认为是解决供应商性能问题的有效方法，因为它可能比切换为另一个供应商成本更低，从长期来看可为买家公司和他们的供应商提供显著的好处（Krause and Ellram，1997）。我们的研究结果表明，供应商发展与外包绩效正相关，能够使外包成本、质量、响应能力和灵活性提高。这证实了Krause等（2007）的发现，即当收购企业通过采用供应商发展战略承诺与供应商建立长期的合作关系时，其供应商在外包实践中更愿意合作。因此，买家公司与供应商建立长期关系的承诺会导致采购公司在成本、质量和灵活性方面的绩效改善。同样，Modi 和 Mabert（2007）也发现了供应商发展对供应商绩效的直接影响的实证支持，这反过来又使外包绩效增强，因为供应商能力的提高使供应商能够更好地满足采购公司的要求。与以往的研究结果一致，本项研究的结果提供的证据表明，供应商发展活动，如购买公司直接和间接投资于他们的供应商，包括金融投资、技术支持、人员培训和社会关系的输入，可以提高供应商的积极性和能力满足买家公司的外包需求，从而提高性能。

7.5.2 供应商发展与外包绩效的间接关系

外包机会主义风险和外包灵活性是企业在外包实践中面临的两个关键问题。本章将外包机会主义风险定义为供应商在外包过程中出现机会主义行为的可能性。外包灵活性是企业应对内部和外部流程的意外变化以及外部环境的急剧变化的能力。本章研究了供应商发展如何通过降低外包机会主义风险（与外包绩效负相关）和提高外包灵活性（与外包绩效正相关）来提高外包绩效。研究结果为我们的预测提供了重要的支持。

第一，供应商发展降低了外包机会主义风险，从而提高了外包绩效。外包机会主义风险的一个主要部分是供应商的机会主义行为，意在通过不完全遵循采购公司的要求来增加自己的利益。这种行为导致了外包绩效的失败。供应商发展减少了外包机会主义风险，因为它有助于采购公司和供应商之间的长期合作关系，这种合作关系有助于减少供应商机会主义行为的倾向（Lehtiranta，2011；Das and Teng，2001c）。供应商发展通过降低外包机会主义风险，使采购企业减少机会主义可能带来的损失，从而提高外包绩效。

第二，供应商发展提高外包的灵活性，从而提高外包绩效。参考Liao等（2010）的研究，我们的研究结果表明，供应商发展与灵活性呈正相关，灵活性会导致绩效的提高。这也与Merschmann和Thonemann（2011）以及Sia等（2008）等其他研究论文的结果相似。采购企业与供应商之间的长期合作关系是供应商发展战略的重要组成部分，它促进了双方更顺畅的沟通与合作，并考虑到潜在的长期互利，使双方能够作为一个统一的实体来面对挑战。这提高了他们处理外包实践中意外变化的能力。从本质上讲，采购公司和供应商之间的长期合作有助于提高外包过程中的灵活性（Koste et al.，2004）。灵活的供应商不易受到市场变化或新需求的威胁，他们有能力及时改变并做出相应的反应，满足客户的需求。在本章的研究中，我们发现供应商的灵活性从外包总成本、质量、响应性和灵活性等方面提高了外包绩效的预测得到了支持。

7.5.3　实践意义

通过强调机会主义风险和外包灵活性在供应商发展和外包绩效之间的作用，本书的结果为有效的外包实践提供了重要的管理启示。

首先，外包管理者应该考虑降低外包机会主义风险的重要性，以确保卓越的外包绩效。中国是全球采购中一个很有吸引力的外包目的地，因为中国的采购提供了许多好处，如低成本、市场准入、技能、人力和基础设施的可用性（Graf and Mudambi，2005）。然而，中国采购也会带来风险和挑战，如失控、外包供应商的机会主义行为以及潜在的交易和协调成本（Lau and Zhang，2006）。特别是在高度关系导向的社会（如中国），非正式的个人关系可以部分代替正式的管理机制（Xin and Pearce，1996）。当供应商意识到缺乏控制机制时，他们可能会有更高的机会主义行为动机。这种机会主义风险可能导致外包失败。因此，外包管理者应该考虑如何减少供应商机会主义行为的激励，并降低这种风险，以确保有效的外包实践。为此，供应商发展战略提供了一种方法。

其次，外包灵活性是外包管理者在外包实践中应该牢记的另一个关键因素。在动荡的市场中，客户需求不断变化，产品生命周期因技术不断更新而越来越短，企业自身无法有足够的能力来应对动态的市场需求。他们需要战略性地管理其上游供应链，并利用供应商的能力来增加其外包活动的灵活性（Liao et al.，2010）。内包中买方和供应商之间的关系更有层次，买方对供应商有更多的控制、沟通更直接；与内包不同，外包需要更多的协调和沟通，在购买公司和他们的外部供应商之间，购买公司对产品组合、体积、规格、包装、交货和其他细节有期望和要求（Malone et al.，1987）。因此，在外包关系中，灵活性更为重要，但也更为困难。在充满不确定性和竞争的环境中，外包经理需要选择有效的方法来提高外包灵活性，使他们可以实现更好的外包绩效（Merschmann and Thonemann，2011）。我们的研究表明，供应商发展提供了这样做的一种手段。

最后，我们建议外包经理密切关注供应商发展，因为它在实现预期外包绩效方面发挥着重要作用。供应商发展需要采购企业和供应商双方的承诺和投资，它对供应商满意度和承诺有积极影响（Matook et al.，2009），并提高供应商的绩效，以更好地满足采购企业的需求（Nagati and Rebolledo，2013）。研究结果表明，供应商发展不仅可以直接促进外包绩效，还可以通过抑制供应商机会主义风险和促进外包灵活性间接促进外包绩效的提高。由于外包环境充满了不确定性、挑战和供应商机会主义风险，因此企业将供应商发展作为减少供应商机会主义行为和提高外包灵活性以实现预期外包绩效的战略工具变得更加重要。

7.5.4　局限性和未来研究方向

在做出理论和实践贡献的同时，我们的研究也存在局限性，这为未来的研究提供了方向。这里有几个问题需要解决。第一个问题与外包绩效的维度有关。文献建议使用多种视角来评估外包绩效，包括经济视角、战略视角和关系视角（Joshi，2009；Lacity et al.，2009；Jiang et al.，2007；Lankford and Parsa，1999）。我们的研究基于企业在选择和评价供应商时最强调的四个标准对外包绩效进行了简单的评估（Prahinski and Benton，2004）。未来的研究可以进一步研究供应商发展与多维外包绩效之间的关系，我们相信这可以加深对有效外包实践的理解。第二个问题与情景因素有关。本章以外包实践中的关键供应商为研究对象。然而，在 Kraljic 采购矩阵理论中，有些采购项目并不需要与供应商建立密切的合作关系（Kraljic，1983）。因此，我们的研究模型可能适合 Kraljic 采购矩阵框架中的战略项目，但可能不适用于其他采购矩阵中的项目。我们需要进一步考虑影响供应商发展与外包绩效之间关系的调节变量。例如，我们可以考虑外包任务的复杂性、买方和供应商之间的权力关系、外包任务的战略重要性、替代供应商的可用性等。通过研究这些情景因素，我们可以在不同的外包环境提高外包实践中供应商发展的有效性。第三个问题与中国制造业外包实践的买方视角有关。未来的研究不仅要从制造采购企业的角度出发，还要从服务外包和供应商的角度来看待供应商的发展，并调查采购企业的供应商发展活动如何影响供应商在学习、创新方面的动机和绩效，以及他们对与采购企业外包关系的承诺。

最后，我们提出，在中国背景下，购买企业对供应商发展的投资将有助于减少供应商的机会主义行为。这一建议背后的理由是，供应商的发展将鼓励采购企业和他们的供应商形成长期的关系，这会激励双方都选择长期导向，从而减少对供应商机会主义行为的激励。中国是一个高度以关系为基础的社会（Wiegel and Bamford，2014），采购公司对供应商发展的投资被视为改善买方和供应商之间相互关系、增加相互信任的一种手段，反过来减少供应商机会主义行为的可能性。然而，根据交易成本理论（Williamson，2008b，1985），买方对供应商发展的投资是一种关系专用性投资，这种资产专用性投资往往会增加供应商的机会主义行为。因此，有必要进一步研究供应商发展与供应商机会主义之间的关系。

8 研发外包对新产品开发效率的影响机制

本书的研究旨在探讨产品模块化与新产品开发（new product development，NPD）效率之间的条件关系。研究认为，研发外包对企业绩效具有重要的中介作用。此外，能力信任水平被认为是调节研发外包实践中产品模块化对新产品开发效率的间接影响的重要因素。借鉴交易成本经济学理论，本书提出了一个有调节的中介模型，该模型解决了产品模块化如何通过外包实践有效提高新产品开发效率的问题。基于273家中国制造企业的调查数据，本章采用层次回归和PROCESS宏观模型对假设进行了检验。产品模块化通过研发外包的外部合作，直接或间接地提高了新产品开发效率。此外，当对研发外包伙伴的能力信任程度较高时，产品模块化在研发外包实践中的作用更为有效。通过展示外部协作的关键作用，本书为制造企业如何利用产品模块化更有效地实现预期新产品开发绩效提供了有价值的参考。

8.1 引 言

技术的日益复杂和产品生命周期的缩短，再加上市场的全球化和咄咄逼人的外国竞争者的存在，迫使企业重新评估他们的战略思想（Hsuan，1999）。在大规模定制和数字化转型时代，企业面临着客户对个性化和交互性产品的各种需求和要求，产品模块化的概念应运而生，并得到了学术界和实践者的广泛关注（Wang et al.，2022；Magnusson and Pasche，2014；Asan et al.，2004；Helfat and Eisenhardt，2004；Baldwin and Clark，

2000；Sanchez and Mahoney，1996；Ulrich and Tung，1991）。产品模块化通过使用标准化接口灵活地重组模块来创造产品的多样性（Magnusson and Pasche，2014；Bask et al.，2010），使企业能够提高生产力和效率，并为客户提供更多的定制产品（Piran et al.，2020；Shamsuzzoha and Helo，2017；Gilmore and Pine，2000）。产品模块化也被称为新产品和工艺开发的战略方法（Brusoni et al.，2023）。模块化产品设计方法既可以创建各种产品变体，也有利于产品系列的设计（Shamsuzzoha et al.，2018）。在新产品开发研究中，已有文献表明产品模块化加快了产品开发过程，降低了新产品开发成本（Garud and Kumaraswamy，1995）。在新产品开发的过程中，高水平的产品多样性和工艺灵活性可以通过产品模块化来实现，而协调和集成成本较低（Magnusson and Pasche，2014），因此，模块化产品设计降低了交换关系中的交易成本，从而在不影响整体产品架构的情况下促进和加快产品变化和更新，并节省了新产品开发的时间（Danese and Filippini，2010；Jacobs et al.，2007；Danese and Romano，2004；Ulrich，1995）。此外，它还为企业提供了额外的好处，包括提高供应链管理的敏捷性、促进产品系列开发、增强客户满意度和增加收入等（Shamsuzzoha et al.，2018；Jørgensen and Messner，2009）。

然而，尽管先前的研究已经测试了产品模块化在新产品开发过程中的优势，但它们仅限于解释产品模块化与新产品开发绩效之间的联系机制。制造商让供应商参与新产品开发是一种常见的做法（Bao et al.，2017）。另一项研究则考察了研发外包如何在提高新产品开发绩效方面发挥关键作用（Cassiman and Veugelers，2006；DeSarbo et al.，2005；Howells，1999；Pisano，1990）。Grimpe 和 Kaiser（2010）将研发外包定义为"合同约定的、非无偿的、临时的研发任务执行"。他们认为企业外包研发活动是为了利用外部供应商和承包商的能力。作为外部收购和合同合作的研发外包实践有助于提高成本效率和创新绩效，尤其是在内部无法获得此类实践的情况下（Cuervo-Cazurra et al.，2018；Oke and Onwuegbuzie，2013；Frenz and Ietto-Gillies，2009；Chesbrough，2003）。

研发外包可以通过承包商专业化和联合委员会的成本分担带来成本优势，降低固定成本，更好地控制研发时间和预算（Tapon and Thong，1999）。因此，本书试图揭示产品模块化通过研发外包影响新产品开发效率的间接中介关系，并探讨问题1。

问题1：产品模块化如何通过研发外包影响新产品开发效率？

本章研究了能力信任对间接关系的偶然影响。尽管有些人强调供应商早期参与产品开发的重要性，但其他人则关注供应商和买方之间的关系（Hsuan，1999）。虽然产品模块化组件可以带来许多好处，如快速、灵活性、多样性和定制化，但在过往的研究中仍然发现了包括机会主义行为和供应商模仿等在内的风险因素。在与供应商就产品的模块化组件和研发外包进行合作时，能力和资源限制、需求波动以及市场条件变化可能都会引发产品设计变更、修改或迭代。如果供应商是机会主义者，他们可能不愿意接受这些变化，也不愿意立即部署最优秀的劳动力。最终，他们会通过制造模仿衍生品和增加现有组件的灵活性来寻找其他客户和市场，使其迅速适应其他产品（Salvador and Villena，2013；Leroy，2009；Baldwin and Clark，2000；Schilling，2000）。而信任是一种常用的机制，它分别代表非正式和正式的方法，旨在打击机会主义并尽量减少交易成本（Bao et al.，2017）。因此，本书基于交易成本经济学（transaction cost economics，TCE）理论，提出能力信任作为一个调节因素既可以抑制产品模块化的风险因素，又可以加强焦点企业与供应商之间的相互协作。由于信任是发展伙伴关系中知识和信息共享的基础，期望能力信任作为一种关系治理或资本来调节产品模块化与新产品开发效率之间的间接中介关系，因此，本书试图探讨问题2。

问题2：外包伙伴的能力信任如何调节产品模块化通过研发外包对新产品开发效率的间接影响？

本章旨在解决上述两个研究问题，并进一步了解产品模块化、能力信任、研发外包和新产品开发效率之间的关系。本章的结果对当前研究的贡献主要体现在两个方面：首先，确定了研发外包背景下新产品开发的成功因素；其次，为企业如何更有效地提高新产品开发的效率提供了建议和指导。

8.2 理论背景与假设

8.2.1 产品模块化和新产品开发效率

本书将产品模块化定义为允许组件在不同产品之间重用和共享的核心组件的标准化（Stäblein et al.，2011；Pil and Cohen，2006）。模块组件可以在功能损失很小的情况下重新组合成新的配置，几乎不需要对生产系统的整体结构进行更改（Harmancioglu，2009；Pil and Cohen，2006）。因此，产品模块化可以在生产过程中保持较低水平的组件多样性和装配复杂性（Um et al.，2017），同时减少生产成本和大规模定制（Stäblein et al.，2011；Lau et al.，2010）。产品模块化的这些优势可以拓展到新产品开发过程中，提高企业以快速且节省成本的方式开发新产品的能力（Ray and Ray，2011；Sanchez，1996），这在本书中被视为提高新产品开发效率。新产品开发的研究人员认为，具有卓越模块开发能力的企业可以通过融合和匹配现有模块组件的不同组合来快速设计和开发各种新产品（Sanchez，1996）。此外，根据交易成本经济学理论，产品模块化通过将技术作为交易专有资产，降低了信息的交易成本，从而提高了新产品开发的效率（Griffith et al.，2009；Halldorsson et al.，2007）。同时，产品模块化有助于企业大规模生产现有的模块组件，并通过在新产品中变换或重用模块组件来降低设计和开发新产品的生产成本，从而在新产品开发和许多基于市场的创新活动中产生成本效益（Jacobides et al.，2018；Sanchez，1996）。基于以上讨论，本书提出产品模块化对新产品开发效率有正向影响。因此，本书提出假设1。

假设 1：产品模块化与新产品开发效率呈正相关。

8.2.2　产品模块化、研发外包和新产品开发效率

除了产品模块化能够提高新产品开发效率外，本书还认为企业需要战略性地将其部分研发活动外包给供应商（即研发外包），从而间接地将产品模块化转化为新产品开发效率（Wu and Park，2009）。

企业通过产品模块化不仅有机会获得成本节约和灵活性的优势，而且还可能收到积极的结果，如增强的可持续性、改进的数字化、创新的新途径和更有效的合作（Mertens et al.，2023）。鉴于产品模块化提供了灵活性，可以将组件组装成任何所需的组合并减少定制组件更改所需的高昂支出，详细说明和标准化的模块化促进了研发外包（Ernst and Kamrad，2000）。此外，根据TCE理论，模块化通过提供特定知识来降低交易成本，增加了企业间学习中供应商—买方的相互依赖程度，从而带来更多的外包决策（Mikkola，2003）。鉴于产品模块化提高了产品各部件之间的协调效率，降低了产品设计的复杂性（Ethiraj et al.，2008），产品模块化的这种可分解性相应地降低了协调和沟通成本（Wang et al.，2018；Contractor et al.，2010），实现了松散耦合的组织结构，使企业更容易将其研发活动外包给外部供应商（Wu and Park，2009；Harmancioglu，2009）。

研发外包的目的之一是以较低的成本从外包企业获得技术资源（Quinn，1992）。通过获取和利用外包企业的优势研发能力，如技术和研发人员，企业可以增强其在研发成本和新产品开发速度方面的创新能力（Griffith et al.，2009；Huang et al.，2009）。现有的研究强调外包是模块化的主要催化剂（Pushpananthan and Elmquist，2022；Jacobides et al.，2016）。虽然研发外包会产生获取复杂技术的协调成本，但如果提供共享标准，则会优化新产品开发的成本和速度（Huang et al.，2009）。此外，鉴于产品模块化是研发外包的一项特殊资产，共同专业化投资降低了监控和执行成本，使企业能够专注提高新产品开发效率（Halldorsson et al.，2007）。换句话说，本书认为研发外包在维持研发能力和将产品模块化转

化为新产品开发效率方面起中介作用。因此，本书提出假设2。

假设2： 产品模块化通过研发外包实践间接正向影响新产品开发效率。

8.2.3   产品模块化、研发外包、能力信任和新产品开发效率

虽然产品模块化是一种有价值的组织能力，提供了建立外包关系和与供应商合作的机会（Harmancioglu，2009），并通过交换关系中的信息共享降低了交易成本，但产品模块化的可分解性使企业面临合作伙伴机会主义行为的风险，如向竞争对手泄露知识并威胁他们之间的合作。这是因为模块化系统的过程是可分解的，其中产品设计的模块组件是松散耦合的，这些组件可以组装成各种各样的最终产品（Zhang et al.，2014；Sanchez and Mahoney，1996）。在极端情况下，由完全执行一个或几个功能的组件组成的完美模块化产品（Cabigiosu et al.，2013）可能会增加被模仿的风险（Ethiraj et al.，2008）。当企业能够遏制供应商的机会主义并培养与他们的协作工作关系时，这种产品模块化的负面影响可以得到改善。本书从技术绩效分析的角度，探讨在产品模块化与新产品开发效率之间的中介模式中能力信任作为权变因素的作用。

能力信任指的是企业对供应商在执行不同层次任务和活动的能力的信任程度（Dowell et al.，2015；Sako，1992），它会影响企业将外部能力纳入其模块化战略的决策（Zhou et al.，2023）。能力信任是基于企业先前与合作伙伴企业合作的经验而发展起来的，这样合作伙伴企业就证明了他们有能力按照企业的预期行事（Xue et al.，2018；Curtis et al.，2010）。Ha等（2011）将能力信任定义为对合作伙伴的知识、专有技术、商业判断和专业知识的信念所产生的对可信赖行为的期望。当企业认为其合作伙伴企业有足够的资源和能力来满足他们的期望时，他们潜在的机会主义行为就会减少（Xue et al.，2018），双方之间的合作就会增强（Schiele，2006）。根据能力信任背后的逻辑，本书认为能力信任可以提供企业间合作的背景（Heffernan，2004）、抑制供应商潜在的机会主义（Xue et al.，

2018）并促进他们的合作行为（Schiele，2006）。然而，尤其是在外包关系中如何利用能力信任来增加模块化生产尚未得到研究。当企业建立对供应商能力的信任时，具有较强模块能力的企业可以加强对研发外包的战略关注，从而实现更高水平的新产品开发效率。也就是说，能力信任可以提高产品模块化对研发外包的有效性，进而提高新产品开发效率，因此本书提出假设3。

假设3：对外包伙伴的能力信任调节了研发外包实践中产品模块化对新产品开发效率的间接影响，随着能力信任水平的提高，间接影响越强。

图8.1为本书提出的概念研究模型，展示了产品模块化、研发外包、新产品开发效率和能力信任之间的假设关系。

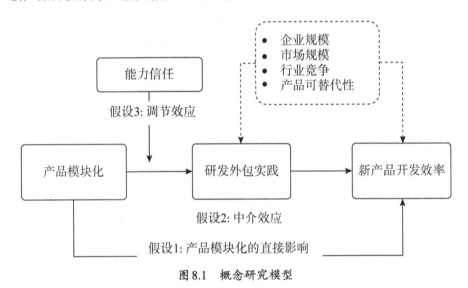

图 8.1　概念研究模型

8.3　研究方法

8.3.1　数据和样本

本书选择新产品开发效率作为因变量，产品模块化作为自变量。此外，研发外包实践被认为是一个中介变量，而能力信任被认为是一个调节变量。为了实现研究目标，本书采用了横断面调查方法。我们从包括电子和电信、生物医药、化工、机械、新材料、食品、纺织等在内的广泛行业中随机选择样本。数据收集工作被外包给一家中国专业调查企业，该企业在中国拥有260万名会员，并为包括各行业许多领先品牌在内的3万多家企业和90%的中国高校提供在线服务，享有可靠的声誉。

问卷的所有题项均参照中国研发外包现状及现有文献设置。问卷最初以英文设计，并被翻译回中文，遵循反编译程序以保证概念上的对等。只有从事过研发的中国制造企业的管理团队成员和技术人员才被纳入数据收集。调查时间从2021年8月11日至2021年8月25日，为期两周。

考虑到规模较小的企业可能缺乏研发活动，我们专门收集了员工不少于200人的企业的数据。此外，我们规定调查公司应确保收到至少600份回复，以防收到可能不符合效度标准的问卷。最终，总共收集了779份回复，其中有465份因工作岗位不符合要求而视为无效。因此，只剩下314个可行的回收问卷。在剔除不合格回答（如在240秒内完成、对大多数问题表示"非常不同意"或"非常同意"的回答）后，最终样本保留了273个有效问卷。

8.3.2　变量的测量

我们基于以前的文献开发了研究变量的测量题项，并对其进行调整以适应外包情境。在项目设计时通过专家访谈检查了每个测量项的内容效度。调查结构采用李克特5点量表，所有测量题项在附录中均有详细说明。

本书引入了Parente等（2011）研究中的三个指标来衡量研发外包以捕捉企业进行外包活动的程度。Yamaguchi等（2021）以及Kamuriwo和Baden-Fuller（2016）随后也使用了这些指标。能力信任用三个指标来衡量，以评估企业对其外包伙伴的能力、资源和绩效的信任程度。这些项目是基于对相关文献的回顾而开发的（Lui and Ngo，2004b）。新产品开发效率（NPD efficiency，NPDE）的测量采用了先前关于新产品开发项目绩效工作中的三个指标（Swink et al.，2006；Cooper et al.，2004；Smith and Reinertsen，1998），并评估了一个新产品开发项目的有效市场表现。

此外，我们的分析中还包括了几个控制变量，即企业规模、市场规模、行业竞争和产品可替代性，这些变量可能会影响因变量。在有关动态能力的文献中，企业规模一直是一个典型的控制变量。它可能会影响治理机制、供应商管理实践和企业间协作绩效，因为大型企业通常拥有更大的业务流程能力和可用资源（Lee et al.，2018）。我们以员工数量的自然对数来衡量企业规模，同时将市场规模、行业竞争和产品可替代性作为反映经营环境和条件的控制变量（Millson and Wilemon，2010）。变量的描述性统计和相关性，如表8.1所示。

表8.1　描述性统计和相关系数

变量	Mean	SD	1	2	3	4	5	6	7
企业规模	5.903	1.321	1						
市场规模	3.600	0.690	0.331**						
行业竞争	4.110	0.815	0.032	0.085					
产品可替代性	3.480	0.928	−0.028	−0.075	0.485**				
模块化	3.614	0.704	0.029	0.199**	−0.011	0.048			
研发外包	3.865	0.621	−0.052	0.105	0.153*	−0.002	0.213**		
能力信任	3.231	0.743	0.080	0.152*	0.203**	0.005	0.137*	0.350**	
新产品开发效率	4.151	0.558	0.015	0.100	0.219**	0.088	0.187**	0.407**	0.218**

注：**$P<0.01$，*$P<0.05$，样本数＝273。

8.4　结　果

8.4.1　信度和效度

我们首先使用探索性因子分析（EFA）来测试测量模型，以建立本章分析中使用的量表的效度和信度。主成分分析使用Kaiser标准化正交旋转法，其中KMO值为0.747，Bartlett球度检验结果显著（$P<0.000$），

说明EFA的抽样充分性。EFA结果表明，所有题项在各自的构念上都有较高的载荷（＞0.500），而在其他构念上载荷较低，这表明构念单维性是可接受的。通过计算各构念的Cronbach's α系数可得其取值范围为0.625～0.755，组合复合信度范围为0.675～0.797，所有构念的Cronbach's α系数和组合信度均高于0.600。Churchill Jr（1979b）认为Cronbach's α系数超过0.6是可以接受的，Rahimnia和Hassanzadeh（2013）也证实了这一点。本书所有的量表都符合这些可靠性标准，从而最大限度地减少了信息的损失，并确保了量表的可靠性（Cossío-Silva et al.，2016）。

接下来，本书通过验证性因子分析（CFA）和计算提取的平均方差（AVE）来评估收敛效度和区分效度。在CFA模型中，得到的模型拟合指数$\chi^2/df=1.828$，RMSEA＝0.055，CFI＝0.941，TLI＝0.919，IFI＝0.943，GFI＝0.950，NFI＝0.882均可接受。此外，因子载荷均大于0.500（范围从0.518到0.752）。研究发现，研发外包、能力信任、新产品开发效率三个构念的AVE值均高于0.500，而产品模块化构念的AVE值为0.412。尽管如此，我们决定包括这个变量，因为它仍然大于可接受的水平0.400（Yang et al.，2020；Hatcher and O'Rourke，2013；Handley and Benton Jr，2009；Menor et al.，2007）。每个构念的AVE值的平方根都大于相应的相关值。综上所述，我们得出结论，本章的研究构念具有较强的收敛效度和判别效度。

8.4.2 假设测试

为了检验本书提出的假设，我们使用了层次回归分析。在模型1中，我们将所有控制变量和产品模块化纳入回归模型，以检验其对新产品开发效率的影响。然后，我们在模型2中加入研发外包，考察外包对新产品开发效率的主要影响。在模型3中，我们输入所有控制变量和产品模块化来检验其对研发外包的影响。最后，在模型4中，我们加入能力信任和产品模块化与能力信任的交互作用，考察能力信任在产品模块化与研发外包关系中的调节作用。为了减少多重相关性，在创建交互项之前，将自变量做平均中心化处理。

结果如表8.2所示。模型1表明，产品模块化正向影响新产品开发效率（$b=0.185$，$P<0.01$），验证了假设1。模型2表明，研发外包正向影响NPD效率（$b=0.253$，$P<0.001$），增加研发外包后，产品模块化对新产品开发效率的影响减小。模型3表明，产品模块化正向影响研发外包（$b=0.134$，$P<0.05$）。综上所述，研发外包对产品模块化与新产品开发效率之间的关系具有部分中介作用，验证了假设2。模型4表明能力信任对产品模块化与研发外包关系的正向调节作用显著（$b=0.261$，$P<0.05$）。图8.2还表明，当能力信任程度高时，产品模块化与研发外包之间的正向关系更为显著。此外，我们使用SPSS宏（即PROCESS macro model 7，宏模型7）来检验能力信任的条件间接效应。如表8.3所示，当能力信任越高时，产品模块化通过研发外包对NPD效率的间接影响越强（效应大小$=0.061$，95%置信区间：[0.019，0.112]）。因此，假设3得到验证。

表8.2 层次回归分析结果

变量	新产品开发效率	新产品开发效率	研发外包	研发外包
	模型1	模型2	模型3	模型4
常数	2.839	2.416	1.675	1.909
企业规模	−0.042	−0.048[+]	0.021	0.021
市场规模	0.061	0.038	0.091	0.073
行业竞争	0.157**	0.099[+]	0.230***	0.180
可替代性	−0.073	−0.050	−0.093[+]	−0.087
产品模块化	0.185**	0.151**	0.134*	−0.134
研发外包		0.253***		
信任				0.231**
产品模块化×信任				0.261*
R^2	0.088	0.172	0.084	0.126
调整后R^2	0.071	0.153	0.066	0.103

变量	新产品开发效率	新产品开发效率	研发外包	研发外包
	模型1	模型2	模型3	模型4
F	5.155***	9.192***	4.872***	5.463***

注:***$P<0.001$,**$P<0.01$,*$P<0.05$,+$P<0.10$;样本数=273。

表8.3 间接影响的Bootstrap结果

CT:调节变量	间接效应	SE	BC 95% CI	
			Lower	Upper
−1 SD	−0.005	0.020	−0.050	0.029
M(0)	0.039	0.018	0.006	0.077
+1 SD	0.061	0.024	0.019	0.112

注:样本数=273;Bootstrap样本数=5000,SE表示标准误差,BC 95% CI表示95%偏差校正置信区间,CT表示能力信任。

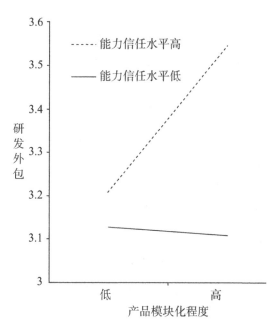

图8.2 能力信任的调节作用

8.5 讨论与结论

作为企业增长和可持续竞争优势的主要驱动力，新产品开发项目需要采取有效的策略来缩短上市时间，更快更好地响应客户需求（Mu et al.，2009；Belbaly et al.，2007）。本书基于交易成本经济学理论和资源基础观点，提出了一个有调节的中介模型，用于研究不同能力信任水平下产品模块化通过研发外包对新产品开发效率的影响。我们的研究结果强调了产品模块化通过研发外包提高新产品开发效率的潜在机制。此外，研究结果还表明，能力信任共同调节了这一机制。在能力信任水平较高的情况下，产品模块化通过研发外包对新产品开发效率的间接影响显著增强。下面，我们将讨论这些研究结果对理论和管理实践的启示、研究的局限性以及未来研究的方向。

8.5.1 理论意义

本书在考虑研发外包和能力信任的协同作用下，探讨了产品模块化如何以及何时促进新产品开发效率，这对新产品开发绩效领域具有重要意义。

首先，通过阐述产品模块化对新产品开发效率的独立积极影响，丰富了我们对产品模块化的理解，这与先前的研究一致（Ye et al.，2018；Parente et al.，2011）。在本书中，产品模块化反映了在不重新设计其他模块组件的情况下，不同产品之间重用和共享现有核心组件的能力，这可以在新产品开发过程中提高效益，并以快速和节省成本的方式提高企业的绩效。这一结果与之前大多数研究的观点一致（Ray and Ray，2011；Sanchez，1996）。根据交易成本经济学理论，由于产品模块化提供了技术信息作为指定资产，因此更有可能提高新产品开发效率。

其次，通过发挥研发外包的中介作用，深化了对产品模块化的研究。以往对产品模块化的研究主要是从战略集成的角度出发，将研发外包视为创新的主要驱动力（Pushpananthan and Elmquist，2022；Jacobides et al.，2016）。产品模块化将复杂的产品系统分解成独立的模块，它们可以在功能损失很小的情况下重新组合成新的配置，几乎不需要改变生产系统的整体结构（Harmancioglu，2009；Pil and Cohen，2006）。本书发现，研发外包在产品模块化与新产品开发效率的关系中起着重要的中介作用。然而，一些研究结果表明研发外包的效果不显著甚至较弱。Cuervo-Cazurra等（2018）基于知识控制的思想，强调内包研发比外包研发对新产品开发的贡献更大。研发外包并不总是能保证更好的新产品开发绩效，甚至在产品复杂时还会产生负面影响（Lee et al.，2017）。Kang 和 Um（2023）在研究中指出，由于制造企业和供应商共享标准组件、标准化接口和通信标准，企业可能会从产品模块化中受益，这意味着产品模块化可以增加对供应商知识的控制。然而，我们的研究结果表明，由产品模块化驱动的研发外包可以通过利用模块化的优势来实现高效的新产品开发过程。在当前的互联网商业环境中，外包商高度依赖供应商来获取外部知识，并利用这些知识提高其新产品开发绩效。具体而言，根据资源基础观点，产品模块化程度高的企业在利用外部资源（即研发外包）提高新产品开发效率方面处于更有利的地位。

最后，本书的研究结果表明，产品模块化和能力信任对研发外包具有协同影响，进而间接影响新产品开发效率。也就是说，研发外包的中介效应随能力信任水平的变化而变化。信任是一种经常使用的机制，它体现了非正式和正式的方法，致力于抵制机会主义和降低交易成本（Bao et al.，2017；Dyer and Chu，2003）。新兴的能力信任研究主要强调信任在促进资源共享方面的益处（Xue et al.，2018；Curtis et al.，2010），而一些研究认为，高水平的信任会降低买家从供应商那里搜索和有效处理有用信息的动机和认知能力（Zhou et al.，2014）。根据交易成本经济学理论，外包容易失败，需要协调与企业间交易的各个方面相关的各种成本（如寻找合适供应商的搜索成本、谈判成本和协调成本）（Díaz-Mora，2008），并在管理研发过程中面临不同程度的风险（如供应商选择、监控难度、知识征用和逃避责任）（Hsuan and Mahnke，2011）。基于产品模块化的研发外包的效果依赖于供应商的能力信任水平。

8.5.2 实践意义

我们的研究结果为开发模块化制造策略和管理新产品开发过程中的研发外包过程提供了新的思路。

第一，产品模块化与新产品开发效率呈正相关。因此，需要高效开发新产品以满足客户需求的企业必须了解自己的产品架构，并在产品开发中积极采用模块化策略。第二，当企业的产品模块化程度较高时，研发资源可以将产品模块化转化为新产品开发效率，因此可以更密集地使用外包策略来利用外部知识和资源。产品模块化程度高的企业可以通过研发外包实践，充分利用专业供应商在零部件或其他生产任务上的专业化和规模经济，提高新产品开发效率，降低交易成本，获得灵活性。

我们的研究还表明，企业在采用模块化策略实现预期的新产品开发绩效时，应重视能力信任的价值。供应商选择和评估的决策可以根据企业的长期战略规划来制定。管理者应该认识到，由于研发外包过程中存在隐藏的交易成本和风险，如供应商选择、交货不确定性、质量、技术转移风险等，对供应商的能力信任水平较低会削弱产品模块化通过研发外包提高新产品开发效率的间接影响。正如 Arbaugh（2003）所建议的，当采购关系建立时，应该基于开放沟通、协作和信任，而不仅仅是成本效率，这样各方都会学习并改善关系的表现结果。企业必须培养与合作伙伴之间值得信赖的关系以确保长期的合作和持续的竞争力。与那些声誉良好的企业合作可能是一种谨慎的策略。此外，管理者可以根据以往与供应商合作的经验，达到降低谈判成本和协调成本的目的。因此，通过评估供应商在质量、交货、成本和灵活性方面的表现，企业需要与供应商建立能力信任关系，以提高模块化战略在新产品开发过程中利用研发外包的有效性。

8.5.3　局限性和未来研究方向

本书旨在了解新产品开发过程中模块化设计、能力信任与研发外包之间的关系，虽然有一定的理论价值，但仍存在一些局限性，这也为未来的研究提供了方向。

首先，需要对新产品开发和信任进行多维度测量。本书仅关注新产品开发效率，而有效性也是新产品开发绩效的重要指标。善意信任作为信任的另一种形式，也是在长期关系的过程中发展起来的，在供应链中扮演着重要的角色。研究不同善意信任水平下产品模块化对新产品开发绩效的间接影响的调节作用具有一定意义。

其次，目前的研究受到与横断面调查研究相关的典型局限性的影响。由于信任关系的复杂性和产品开发的动态性，能力信任的调节作用在不同阶段（前期、中期和后期）可能会有所不同。此外，能力信任的培养是一种长期的协作关系，通常需要长时间来发展，在中国尤其如此。因此，需要进行进一步的纵向案例研究来更全面地理解能力信任在模块化产品研发外包中的作用。

最后，我们的样本来自中国制造业。中国是一个以关系为基础的社会，人际互动和信任关系，通常被统称为"关系"，影响着中国商业交易和绩效的各个方面（Lee et al., 2018；Gold et al., 2002）。Bao 等（2017）指出，中国式关系涉及信任并间接使外包绩效得到改善。虽然我们在目前的研究模式中探索了能力信任的调节中介作用，但研究结果并不一定适用于其他文化背景。因此，在其他国家进行类似的研究是有意义的。

$\it 9$ 参考文献

陈翰馥,郭雷,1998.现代控制理论的若干进展及展望[J].科学通报,43(1):1-6.

程新章,2006.企业垂直非一体化——基于国际生产体系变革的研究[M].上海:上海财经大学出版社.

何金旗,喻丽,2006.跨国公司控制海外合资企业机制研究[J].经济纵横,7:66-73.

胡欣奕,2004.企业信息系统外包绩效影响因素研究[J].集团经济研究,(10):127-127.

蒋士成,李靖,梁龙,2020.不完全合同理论视角下渐进性创新的逆向研发外包组织模式、技术溢出与创新能力研究[J].科技进步与对策,37(11):9-17.

李威松,王淑云,2004.基于交易费用与核心能力相融合的外包研究[J].北京航空航天大学学报(社会科学版),17(1):39-44.

林嵩,2007.创业战略:概念、模式与绩效提升[M].北京:中国财政经济出版社.

刘克宁,宋华明,2014.不对称信息下创新产品研发外包的甄别契约设计[J].中国管理科学,22(10):52-58.

刘学,项晓峰,林耕,等,2006.研发联盟中的初始信任与控制战略:基于中国制药产业的研究[J].管理世界,11:99-101.

刘雪锋,2007.网络嵌入性与差异化战略及企业绩效关系研究[D].杭州:浙江大学.

马庆国,2002.管理统计:数据获取、统计原理、SPSS 工具与应用研究[M]. 北京:科学出版社.

马庆国,2005.应用统计学:数理统计方法,数据获取与 SPSS 应用[M].北京:科学出版社.

舒燕,张开翼,2020.研发外包对我国制药企业创新绩效的影响:激励还是抑制[J].中国新药杂志,29(11):1205-1210.

王发银,2007.超竞争环境下企业组织控制能力研究[D].黑龙江:哈尔滨工程大学.

王莉苹,杨寿保,2004.网格环境中的一种信任模型[J].计算机工程与应用, 40(23):50-53.

温忠麟,侯杰泰,张雷,2005.调节效应与中介效应的比较和应用[J].心理学报,37(2):268-274.

伍蓓,陈劲,吴增源,2009.企业 R&D 外包的模式、测度及其对创新绩效的影响[J].科学学研究,27(2):302-308.

吴晓波,刘雪锋,胡松翠,2007.全球制造网络中本地企业知识获取实证研究[J].科学学研究,25(3):486-492.

吴晓波,吴东,2009.全球制造网络与我国制造企业嵌入模式[J].科技进步与对策,26(4):42-44.

谢恩,苏中锋,李垣,2009.基于联盟风险的战略联盟控制方式选择[J].管理工程学报,23(3):1-5.

许冠南,2008.关系嵌入性对技术创新绩效的影响研究[D].杭州:浙江大学.

于慈江,2007.接包方视角下的全球 IT 和 ITES 离岸外包[M].北京:经济科技出版社.

郑克俊,2002.供应链管理环境下的企业业务外包及优劣研究[J].软科学, 16(2):90-96.

郑素丽,2008.组织间资源对企业创新绩效的作用机制研究[D].杭州:浙江大学.

Adler P, Goldoftas B, Levine D, 1999. Flexibility versus efficiency? A case study of model changeovers in the Toyota production system[J]. Organization Science, 10(1):43-68.

Afum E, Agyabeng-Mensah Y, Acquah I S K, et al., 2021. Examining the links between logistics outsourcing, company competitiveness and selected performances:The evidence from an emerging country[J]. The International Journal of Logistics Management, 32(3):1068-1090.

Amy Jocelyn G, 2004. Outsourcing under imperfect protection of intellectual property[J]. Review of International Economics, 12(5):867-884.

Anand G, Ward P T, 2004. Fit, flexibility and performance in manufacturing coping with dynamic environments[J]. Production and Operations Management, 13(4):369-385.

Anderson E, Oliver R L, 1987. Perspectives on behavior-based versus outcome-based salesforce control systems [J]. The Journal of Marketing, 51(4):76-88.

Anderson J, Narus J, 1990. A model of distributor firm and manufacturer firm working partnerships[J]. The Journal of Marketing, 54(1):42-58.

Andersson U, Björkman I, Forsgren M, 2005. Managing subsidiary knowledge creation:The effect of control mechanisms on subsidiary local embeddedness[J]. International Business Review, 14(5):521-538.

Ang S, Cummings L, 1997. Strategic response to institutional influences on information systems outsourcing[J]. Organization Science, 8(3):235-256.

Aragão J P S, Fontana M E, 2023. Guidelines for public sector managers on assessing the impact of outsourcing on business continuity strategies:A Brazilian case [J]. Journal of Global Operations and Strategic Sourcing, 16(1):118-141.

Arbaugh J, 2003. Outsourcing intensity, strategy, and growth in entrepreneurial firms[J]. Journal of Enterprising Culture, 11(2):89-110.

Arnold U, 2000. New dimensions of outsourcing: A combination of transaction cost economics and the core competencies concept[J]. European Journal of Purchasing & Supply Management, 6(1):23-29.

Asan U, Polat S, Serdar S, 2004. An integrated method for designing modular products[J]. Journal of Manufacturing Technology Management, 15(1): 29-49.

Atkin TS, Rinehart LM, 2006. The effect of negotiation practices on the relationship between suppliers and customers[J]. Negotiation Journal, 22(1): 47-65.

Atuahene Gima K, Li H, 2006. The effects of formal controls on supervisee trust in the manager in new product selling: Evidence from young and inexperienced sales people in China[J]. Journal of Product Innovation Management, 23(4):342-358.

Bahli B, Rivard S, 2003. The information technology outsourcing risk: A transaction cost and agency theory-based perspective[J]. Journal of Information Technology, 18(3):211-221.

Baldwin CY, Clark K B, 2000. Design rules: The power of modularitys[M]. Cambridge, Massachusetts: MIT Press.

Bao Y, Li Y, Pang C, et al., 2017. Do resource differences between manufacturers and suppliers help or hinder product innovation of manufacturers? The moderating role of trust and contracts[J]. Industrial Marketing Management, 64:79-90.

Barney J, 1991. Firm resources and sustained competitive advantage[J]. Journal of Management, 17(1):99.

Bask A, Lipponen M, Rajahonka M, et al., 2010. The concept of modularity: Diffusion from manufacturing to service production[J]. Journal of Manufacturing Technology Management, 21(3):355-375.

Belbaly N, Benbya H, Meissonier R, 2007. An empirical investigation of the customer knowledge creation impact on NPD performances[C]. 2007 40th Annual Hawaii International Conference on System Sciences(HICSS'07). IEEE:193a-193a.

Bengtsson L, Von Haartman R, Dabhilkar M, 2009. Low-cost versus innovation: Contrasting outsourcing and integration strategies in manufacturing [J]. Creativity and innovation management, 18(1):35-47.

Benton Jr W, Prahinski C, Fan Y, 2020. The influence of supplier development programs on supplier performance [J]. International Journal of Production Economics, 230:107793.

Bettis R, Bradley S, Hamel G, 1992. Outsourcing and industrial decline[J]. The Executive, 6(1):7-22.

Blodgett L, 1991. Partner contributions as predictors of equity share in international joint ventures[J]. Journal of International Business Studies, 22(1):63-78.

Blome C, Schoenherr T, Eckstein D, 2014. The impact of knowledge transfer and complexity on supply chain flexibility: A knowledge-based view [J]. International Journal of Production Economics, 147:307-316.

Boardman L, Paul B, Amy Z, et al., 2008. Applying the analytic hierarchy process to the offshore outsourcing location decision [J]. Supply Chain Management:An International Journal, 13(6):435-449.

Bozarth C, Handfield R, Das A, 1998. Stages of global sourcing strategy evolution:An exploratory study[J]. Journal of Operations Management, 16(2-3):241-255.

Broedner P, Kinkel S, Lay G, 2009. Productivity effects of outsourcing[J]. International Journal of Operations & Production Management, 29(2):127-150.

Brooks B W, Rose R L, 2004. A contextual model of negotiation orientation [J]. Industrial Marketing Management,33(2):125-133.

Brown L D, 1983. Managing conflict at organizational interfaces[M]. Addison-Wesley Reading, MA.

Brusoni S, Henkel J, Jacobides M G, et al., 2023. The power of modularity today: 20 years of "Design Rules"[J]. Industrial and Corporate Change, 32(1):1-10.

Buchan N R, Croson R T A, Dawes R M, 2002. Swift neighbors and persistent strangers: A cross-cultural investigation of trust and reciprocity in social exchange[J]. American Journal of Sociology, 108(1):168-206.

Buckley P J, Munjal S, Requejo I, 2022. How does offshore outsourcing of knowledge-intensive activities affect the exports and financial performance of emerging market firms?[J]. Journal of International Business Studies, 53(9):1971-1996.

Busi M, McIvor R, 2008. Setting the outsourcing research agenda: The top-10 most urgent outsourcing areas[J]. Strategic Outsourcing: An International Journal, 1(3):185-197.

Bustinza OF, Arias-Aranda D, Gutierrez-Gutierrez L, 2010. Outsourcing, competitive capabilities and performance: An empirical study in service firms [J]. International Journal of Production Economics, 126 (2): 276-288.

Byrne B M, 2001. Structural equation modeling with AMOS: Basic concepts, applications, and programming [M]. Mahwah, NJ: Lawrence Erlbaum Associates.

Cabigiosu A, Zirpoli F, Camuffo A, 2013. Modularity, interfaces definition and the integration of external sources of innovation in the automotive industry[J]. Research policy, 42(3):662-675.

Cai J, Cheng J, Shi H, et al., 2022. The impact of organisational conflict on green supplier integration: The moderating role of governance mechanism [J]. International Journal of Logistics Research and Applications, 25(2):

143-160.

Campbell D T, Fiske D W, 1959. Convergent and discriminant validation by the multitrait-multimethod matrix [J]. Psychological bulletin, 56 (2) : 81-105.

Caniëls M C J, Gelderman C J, 2005. Purchasing strategies in the Kraljic matrix——A power and dependence perspective [J]. Journal of Purchasing and Supply Management, 11(2-3):141-155.

Caniëls M C J, Gelderman C J, 2007. Power and interdependence in buyer supplier relationships: A purchasing portfolio approach[J]. Industrial Marketing Management, 36(2):219-229.

Caniëls M C J, Roeleveld A, 2009. Power and dependence perspectives on outsourcing decisions[J]. European Management Journal, 27(6):402-417.

Carmel E, Nicholson B, 2005. Small firms and offshore software outsourcing: High transaction costs and their mitigation[J]. Journal of Global Information Management, 13(3):33-54.

Cassiman B, Veugelers R, 2006. In search of complementarity in innovation strategy: Internal R&D and external knowledge acquisition [J]. Management Science, 52(1):68-82.

Chahal H, Gupta M, Bhan N, et al., 2020. Operations management research grounded in the resource - based view: A meta-analysis [J]. International Journal of Production Economics, 230:107805.

Challagalla G N, Shervani T A, 1996. Dimensions and types of supervisory control: Effects on salesperson performance and satisfaction[J]. The Journal of Marketing, 60(1):89-105.

Chan T C T, Chin K S, Lam P K, 2007. Strategic sourcing in the Hong Kong toy industry [J]. International Journal of Quality & Reliability Management, 24(8):776-799.

Charles M, Ochieng S B, 2023. Strategic outsourcing and firm performance: A review of literature[J]. International Journal of Social Science and Humanities Research(IJSSHR) ISSN 2959-7056(o); 2959-7048(p), 1(1): 20-29.

Chatterji D, 1996. Accessing external sources of technology [J]. Research Technology Management, 39(2):48-56.

Chen C C, Chen Y R, Xin K, 2004. Guanxi practices and trust in management:A procedural justice perspective[J]. Organization Science, 15(2): 200-209.

Chen C T, Lin C T, Huang S F, 2006. A fuzzy approach for supplier evaluation and selection in supply chain management[J]. International Journal of Production Economics, 102(2):289-301.

Chen D, Li D, 2008. Resource commitment, organizational control, and alliance performance in emerging and developed economies [J]. Journal of Global Business Issues, 2(2):125-133.

Chen D, Park S, Newburry W, 2009. Parent contribution and organizational control in international joint ventures[J]. Strategic Management Journal, 30(11):1133-1156.

Chen X P, Chen C C, 2004. On the intricacies of the Chinese guanxi:A process model of guanxi development[J]. Asia Pacific Journal of Management, 21(3):305-324.

Chen Z, Huang Y, Sternquist B, 2011. Guanxi practice and Chinese buyer-supplier relationships:The buyer's perspective [J]. Industrial Marketing Management, 40(4):569-580.

Cheng J H, 2011. Inter-organizational relationships and knowledge sharing in green supply chains——Moderating by relational benefits and guanxi[J]. Transportation Research:Part E, 47(6):837-849.

Cheng T C E, Yip F K, Yeung A C L, 2012. Supply risk management via guanxi in the Chinese business context:The buyer's perspective[J]. International Journal of Production Economics, 139(1):3-13.

Cheon M J, Grover V, Teng J T, 1995. Theoretical perspectives on the outsourcing of information systems[J]. Journal of Information Technology, 10 (4):209-219.

Chesbrough H, 2003. The logic of open innovation: managing intellectual property[J]. California Management Review, 45(3):33-58.

Choi J J, Ju M, Trigeorgis L, et al., 2021. Outsourcing flexibility under financial constraints[J]. Journal of Corporate Finance, 67:101890.

Choy K, Lee W, 2003. A generic supplier management tool for outsourcing manufacturing[J]. Supply Chain Management: An International Journal, 8 (2):140-154.

Christ M, Sedatole K, Towry K, et al., 2008. When formal controls undermine trust and cooperation[J]. Strategic Finance, 89(7):39-44.

Chu Z, Lai F, Wang L, 2020. Leveraging interfirm relationships in China: Western relational governance or guanxi? Domestic versus foreign firms [J]. Journal of International Marketing, 28(4):58-74.

Chuah S H, Hoffmann R, Larner J, 2014. Chinese values and negotiation behaviour: A bargaining experiment[J]. International Business Review, 23 (6):1203-1211.

Churchill Jr G, 1979a. A paradigm for developing better measures of marketing constructs[J]. Journal of Marketing Research, 16(1):64-73.

Churchill Jr G A, 1979b. A paradigm for developing better measures of marketing constructs[J]. Journal of Marketing Research, 16(1):64-73.

Coase R, 1937. The nature of the firm[J]. Economica, 4(16):386-405.

Cohen L, Young A, 2006. Multisourcing: Moving beyond outsourcing to achieve growth and agility[M]. Harvard Business Press, MA.

Colicchia C, Dallari F, Melacini M, 2010. Increasing supply chain resilience in a global sourcing context[J]. Production Planning & Control, 21(7):

680-694.

Contractor F J, Kumar V, Kundu S K, et al., 2010. Reconceptualizing the firm in a world of outsourcing and offshoring: The organizational and geographical relocation of high‐value company functions [J]. Journal of Management Studies, 47(8):1417-1433.

Cooper D R, Schindler P S, 郭毅, et al., 2005. 商业研究方法[M]. 中国人民大学出版社.

Cooper R G, Edgett S J, Kleinschmidt E J, 1999. New product portfolio management: Practices and performance [J]. Journal of Product Innovation Management, 16(4):333-351.

Cooper R G, Edgett S J, Kleinschmidt E J, 2004. Benchmarking best NPD practices—III[J]. Research-Technology Management, 47(6):43-55.

Cossío-Silva F J, Revilla-Camacho M Á, Vega-Vázquez M, et al., 2016. Value co-creation and customer loyalty [J]. Journal of Business Research, 69(5):1621-1625.

Cox T H, Lobel S A, McLeod P L, 1991. Effects of ethnic group cultural differences on cooperative and competitive behavior on a group task[J]. Academy of Management Journal, 34(4):827-847.

Cravens D W, Ingram T N, LaForge R W, et al., 1993. Behavior-based and outcome-based salesforce control systems [J]. The Journal of Marketing, 57(4):47-59.

Cuervo-Cazurra A, Nieto MJ, Rodríguez A, 2018. The impact of R&D sources on new product development: Sources of funds and the diversity versus control of knowledge debate[J]. Long Range Planning, 51(5):649-665.

Cui Z, Loch C, Grossmann B, et al., 2009. Outsourcing innovation [J]. Research Technology Management, 52(6):54-63.

Curtis T, Herbst J, Gumkovska M, 2010. The social economy of trust: Social entrepreneurship experiences in Poland [J]. Social Enterprise Journal 6

(3):194-209.

Dana L P, Nguyen H T, RafalKuc B, 2021. Strategic outsourcing risk management of Van Hien University in Vietnam[J]. International Journal of Advanced Multidisciplinary Research and Studies, 1(2):1-6.

Danese P, Filippini R, 2010. Modularity and the impact on new product development time performance: Investigating the moderating effects of supplier involvement and interfunctional integration [J]. International Journal of Operations & Production Management, 30(11):1191-1209.

Danese P, Romano P, 2004. Improving inter-functional coordination to face high product variety and frequent modifications[J]. International Journal of Operations & Production Management, 24(9):863-885.

Danese P, Vinelli A, 2008. Supplier network relocation in a capital-intensive context: A longitudinal case study[J]. International Journal of Production Research, 47(4):1105-1125.

Das T, 2004. Time-span and risk of partner opportunism in strategic alliances [J]. Journal of Managerial Psychology, 19(8):744-759.

Das T, Teng B, 1996. Risk types and inter-firm alliance structures[J]. Journal of Management Studies, 33(6):827-843.

Das T, Teng B, 1998a. Between trust and control: Developing confidence in partner cooperation in alliances[J]. Academy of Management Review, 23 (3):491-512.

Das T, Teng B, 1998b. Resource and risk management in the strategic alliance making process[J]. Journal of Management, 24(1):21-42.

Das T, Teng B, 1999. Managing risks in strategic alliances[J]. The Academy of Management Executive(1993-2005), 13(4):50-62.

Das T, Teng B, 2001a. A risk perception model of alliance structuring [J]. Journal of International Management, 7(1):1-29.

Das T, Teng B, 2004. The risk-based view of trust: A conceptual framework

［J］. Journal of Business and Psychology, 19(1):85-116.

Das T K, Teng B S, 2001b. Relational risk and its personal correlates in strategic alliances［J］. Journal of Business and Psychology, 15(3):449-465.

Das T K, Teng B S, 2001c. Trust, control, and risk in strategic alliances: An integrated framework［J］. Organization Studies, 22(2):251-283.

Das T K, Teng B S, 2000. A resource-based theory of strategic alliances［J］. Journal of Management, 26(1):31-61.

Davies H, Leung T K, Luk S T, et al., 1995. The benefits of "Guanxi": The value of relationships in developing the Chinese market［J］. Industrial Marketing Management, 24(3):207-214.

Dawson J F, Richter A W, 2006. Probing three-way interactions in moderated multiple regression: Development and application of a slope difference test ［J］. Journal of Applied Psychology, 91(4):917.

De Vita G, Tekaya A, Wang C, 2009. Asset specificity's impact on outsourcing relationship performance: A disaggregated analysis by buyer-supplier asset specificity dimensions［J］. Journal of Business Research, 63(7): 657-666.

DeChurch L A, Marks M A, 2001. Maximizing the benefits of task conflict: The role of conflict management［J］. International Journal of Conflict Management, 12(1):4-22.

Dekker H C, Mooi E, Visser A, 2020. Firm enablement through outsourcing: A longitudinal analysis of how outsourcing enables process improvement under financial and competence constraints［J］. Industrial Marketing Management, 90:124-132.

Deng C P, Wang T, Teo T S H, et al., 2021. Organizational agility through outsourcing: Roles of IT alignment, cloud computing and knowledge transfer［J］. International Journal of Information Management, 60:102385.

DeSarbo W S, Di Benedetto C A, Song M, et al., 2005. Revisiting the miles and snow strategic framework: Uncovering interrelationships between strategic types, capabilities, environmental uncertainty, and firm performance[J]. Strategic Management Journal, 26(1):47-74.

Díaz-Mora C, 2008. What factors determine the outsourcing intensity? A dynamic panel data approach for manufacturing industries [J]. Applied Economics, 40(19):2509-2521.

Dingjun H, Hong F, Jianchang F, 2023. Research on corporate social responsibility and product quality in an outsourcing supply chain[J]. Journal of Industrial & Management Optimization, 19(4).

DiRomualdo A, Gurbaxani V, 1998. Strategic intent for IT outsourcing [J]. Sloan Management Review, 39:67-80.

Dowell D, Morrison M, Heffernan T, 2015. The changing importance of affective trust and cognitive trust across the relationship lifecycle: A study of business-to-business relationships[J]. Industrial Marketing Management, 44:119-130.

Dubois A, Pedersen A C, 2002. Why relationships do not fit into purchasing portfolio models——A comparison between the portfolio and industrial network approaches[J]. European Journal of Purchasing and Supply Management, 8(1):35-42.

Dunn S, Seaker R, Waller M, 1994. Latent variables in business logistics research: Scale development and validation [J]. Journal of Business Logistics, 15:145-145.

Dyer J H, Chu W, 2003. The role of trustworthiness in reducing transaction costs and improving performance: Empirical evidence from the United States, Japan, and Korea[J]. Organization science, 14(1):57-68.

Edvardsson I R, Durst S, Oskarsson GK, 2020. Strategic outsourcing in SMEs [J]. Journal of small business and enterprise development, 27(1):73-84.

Edvardsson I R, Óskarsson GK, Durst S, 2021. The outsourcing practice among small knowledge-intensive service firms[J]. VINE Journal of Information and Knowledge Management Systems, 51(1):177-191.

Eisenhardt K M, 1985. Control: Organizational and economic approaches[J]. Management Science, 31(2):134-149.

Eisenhardt K M, 1989a. Building theories from case study research[J]. Academy of Management Review, 14(4):532-550.

Eisenhardt K M, 1989b. Agency theory: An assessment and review[J]. Academy of Management Review, 14(1):57-74.

Embleton P R, Wright P C, 1998. A practical guide to successful outsourcing [J]. Empowerment in Organizations, 6(3):94-106.

Ernst D, 1997. From partial to systemic globalization: International production networks in the electronics industry[R]. Berkeley Roundtable on the International Economy, University of California, Berkeley; Graduate School of International Relations and Pacific Studies, University of California at San Diego.

Ernst R, Kamrad B, 2000. Evaluation of supply chain structures through modularization and postponement [J]. European Journal of Operational Research, 124(3):495-510.

Espino-Rodriguez T, Padron-Robaina V, 2004. Outsourcing and its impact on operational objectives and performance: A study of hotels in the Canary Islands [J]. International Journal of Hospitality Management, 23 (3): 287-306.

Ethiraj S K, Levinthal D, Roy R R, 2008. The dual role of modularity: Innovation and imitation[J]. Management Science, 54(5):939-955.

Etzioni A, 1965. Organizational control structure [J]. Handbook of organizations. 650-677.

Fan D, Zhou Y, Yeung AC, et al., 2022. Impact of the US - China trade war on the operating performance of US firms: The role of outsourcing and supply base complexity [J]. Journal of Operations Management, 68(8): 928-962.

Feng N, Chen Y, Feng H, et al., 2020. To outsource or not: The impact of information leakage risk on information security strategy [J]. Information & Management, 57(5):103215.

Fornell C, Larcker D F, 1981. Structural equation models with unobservable variables and measurement error: Algebra and statistics [J]. Journal of Marketing Research. 382-388.

Frazier G L, Gill J D, Kale S H, 1989. Dealer dependence levels and reciprocal actions in a channel of distribution in a developing country [J]. Journal of Marketing, 53(1):50-69.

Freije I, de la Calle A, Ugarte J V, 2022. Role of supply chain integration in the product innovation capability of servitized manufacturing companies [J]. Technovation, 118:102216.

Frenz M, Ietto-Gillies G, 2009. The impact on innovation performance of different sources of knowledge:Evidence from the UK Community Innovation Survey[J]. Research policy, 38(7):1125-1135.

Fryxell G, Dooley R, Vryza M, 2002. After the ink dries: The interaction of trust and control in US based international joint ventures [J]. Journal of Management Studies, 39(6):865-886.

Gambal M J, Asatiani A, Kotlarsky J, 2022. Strategic innovation through outsourcing——A theoretical review[J]. The Journal of Strategic Information Systems, 31(2):101718.

Ganesan S, 1994. Determinants of long-term orientation in buyer-seller relationships[J]. Journal of Marketing, 58(2):1-19.

Gao J, Fan H, Cao B, et al., 2020. Quality incentive contracts considering asymmetric product manufacturability information: Piece rate vs. Tournament[J]. Computers & Industrial Engineering, 144:106446.

Garud R, Kumaraswamy A, 1995. Technological and organizational designs for realizing economies of substitution [J]. Strategic Management Journal, 16 (S1):93-109.

Gelderman C J, Semeijn J, 2006. Managing the global supply base through purchasing portfolio management [J]. Journal of Purchasing and Supply Management, 12(4):209-217.

Gelderman C J, Van Weele A J, 2005. Purchasing portfolio models: A critique and update[J]. Journal of Supply Chain Management, 41(3):19-28.

Gelderman C J, Weele A J, 2002. Strategic direction through purchasing portfolio management: A case study[J]. Journal of Supply Chain Management, 38(2):30-37.

Geringer J, Hebert L, 1989. Control and performance of international joint ventures[J]. Journal of International Business Studies, 20(2):235-254.

Ghijsen P W T, Semeijn J, Ernstson S, 2010. Supplier satisfaction and commitment: The role of influence strategies and supplier development [J]. Journal of Purchasing and Supply Management, 16(1):17-26.

Gholami A, 2023. The effect of global outsourcing of companies on their financial performance with an emphasis on the mediating role of innovation and the moderating role of supplier relational capital[J]. Journal of Accounting and Management Vision, 6(78):228-243.

Giannakis M, Doran D, Chen S, 2012. The Chinese paradigm of global supplier relationships paradigm: Social control, formal interactions and the mediating role of culture [J]. Industrial Marketing Management, 41 (5): 831-840.

Gilley K M, Rasheed A, 2000. Making more by doing less: An analysis of outsourcing and its effects on firm performance [J]. Journal of management, 26(4):763-790.

Gilmore J H, Pine B J, 2000. Markets of one: Creating customer-unique value through mass customization[M]. MA: Boston Harvard Business School Press.

Globocnik D, Faullant R, Parastuty Z, 2020. Bridging strategic planning and business model management—A formal control framework to manage business model portfolios and dynamics[J]. European Management Journal, 38(2):231-243.

Gold T, Guthrie D, Wank D, 2002. Social connections in China: Institutions, culture, and the changing nature of guanxi [M]. Cambridge: Cambridge University Press.

Gopal A, Koka B R, 2010. The role of contracts on quality and returns to quality in offshore software development outsourcing [J]. Decision Sciences, 41(3):491-516.

Gottfredson M, Puryear R, Phillips S, 2005. Strategic sourcing: From periphery to the core[J]. Harvard Business Review, 83(2):132-139.

Graf M, Mudambi S M, 2005. The outsourcing of IT-enabled business processes: A conceptual model of the location decision [J]. Journal of International Management, 11(2):253-268.

Griffith D A, Harmancioglu N, Droge C, 2009. Governance decisions for the offshore outsourcing of new product development in technology intensive markets[J]. Journal of World Business, 44(3):217-224.

Grimpe C, Kaiser U, 2010. Balancing internal and external knowledge acquisition: The gains and pains from R&D outsourcing [J]. Journal of Management Studies, 47(8):1483-1509.

Groot T, Merchant K, 2000. Control of international joint ventures [J]. Accounting, Organizations and Society, 25(6):579-607.

Grover V, Cheon M J, Teng J T, 1996. The effect of service quality and partnership on the outsourcing of information systems functions [J]. Journal of Management Information Systems, 12(4):89-116.

Gu V C, Zhou B, Cao Q, et al., 2021. Exploring the relationship between supplier development, big data analytics capability, and firm performance [J]. Annals of Operations Research, 302:151-172.

Gullander S, Larsson A, 2000. Outsourcing and location. New tracks on Swedish economic research in Europe [C]. Swedish Ecomonic Research Council.

Gupta A, Govindarajan V, 1991. Knowledge flows and the structure of control within multinational corporations[J]. Academy of Management Review, 16 (4):768-792.

Gupta R S, 2021. Management of innovation and intellectual property in outsourcing projects[J]. International Journal of Innovation and Technology Management, 18(6):2150028.

Ha B C, Park Y K, Cho S, 2011. Suppliers' affective trust and trust in competency in buyers: Its effect on collaboration and logistics efficiency [J]. International Journal of Operations & Production Management, 31(1): 56-77.

Hahn C K, Watts C A, Kim K Y, 1990. The supplier development program: A conceptual model[J]. Journal of Purchasing and Materials Management, 26(2):2-7.

Hair Jr J, Anderson R, Tatham R, et al., 1995. Multivariate data analysis with readings[M]. NJ, USA: Prentice-Hall, Inc. Upper Saddle River.

Halldorsson A, Kotzab H, Mikkola J H, et al., 2007. Complementary theories to supply chain management [J]. Supply Chain Management, 12(4): 284-296.

Hamel G, Prahalad CK, 1990. The core competence of the corporation [J]. Harvard Business Review, 68(3):79-91.

Han S Y, Bae S J, 2014. Internalization of R&D outsourcing: An empirical study[J]. International Journal of Production Economics, 150(0):58-73.

Han W, Huang Y, Hughes M, et al., 2021. The trade-off between trust and distrust in supply chain collaboration [J]. Industrial Marketing Management, 98:93-104.

Handfield R, Bechtel C, 2002. The role of trust and relationship structure in improving supply chain responsiveness [J]. Industrial Marketing Management, 31(4):367-382.

Handfield R, Sun H, Rothenberg L, 2020. Assessing supply chain risk for apparel production in low cost countries using newsfeed analysis [J]. Supply Chain Management: An International Journal, 25(6):803-821.

Handley S M, Benton Jr WC, 2009. Unlocking the business outsourcing process model[J]. Journal of Operations Management, 27(5):344-361.

Handley S M, Benton Jr WC, 2012. The influence of exchange hazards and power on opportunism in outsourcing relationships [J]. Journal of Operations Management, 30(1):55-68.

Handley S M, Benton Jr WC, 2009. Unlocking the business outsourcing process model[J]. Journal of Operations Management, 27(5):344-361.

Hansen M, Schaumburg-Muller H, Pottenger E, 2008. Towards a developing country firm perspective on outsourcing[J]. International Journal, 1(3): 210-229.

Hara Y, Choi Y, 2023. Vertical and horizontal governance in multiple-channel systems[J]. Journal of Business Research, 156:113529.

Harland C, Knight L, Lamming R, et al., 2005. Outsourcing: Assessing the risks and benefits for organisations, sectors and nations[J]. International Journal of Operations & Production Management, 25(9):831-850.

Harmancioglu N, 2009. Portfolio of controls in outsourcing relationships for global new product development[J]. Industrial Marketing Management, 38 (4):394-403.

Hartmann E, Trautmann G, Jahns C, 2008. Organisational design implications of global sourcing: A multiple case study analysis on the application of control mechanisms [J]. Journal of Purchasing and Supply Management, 14(1):28-42.

Hatcher L, O'Rourke N, 2013. A step-by-step approach to using SAS for factor analysis and structural equation modeling[M]. Cary, NC:Sas Institute.

Hatonen J, Eriksson T, 2009. 30+ years of research and practice of outsourcing-exploring the past and anticipating the future [J]. Journal of International Management, 15(2):142-155.

Heffernan T, 2004. Trust formation in cross-cultural business-to-business relationships[J]. Qualitative market research, 7(2):114-125.

Heide J, 1994. Interorganizational governance in marketing channels [J]. The Journal of Marketing. 71-85.

Helfat CE, Eisenhardt KM, 2004. Inter-temporal economies of scope, organizational modularity, and the dynamics of diversification [J]. Strategic Management Journal, 25(13):1217-1232.

Hennart J, 1988. A transaction costs theory of equity joint ventures[J]. Strategic Management Journal, 9(4):361-374.

Herbig P, Martin D, 1998. Negotiating with Chinese:A cultural perspective [J]. Cross Cultural Management:An International Journal, 5(3):42-56.

Hobday M, Davies A, Prencipe A, 2005. Systems integration:A core capability of the modern corporation[J]. Industrial and Corporate Change, 14(6):1109-1143.

Hochwarter WA, James M, Johnson D, et al., 2004. The interactive effects of politics perceptions and trait cynicism on work outcomes [J]. Journal of Leadership & Organizational Studies, 10(4):44-57.

Hoecht A, Trott P, 2006. Innovation risks of strategic outsourcing[J]. Technovation, 26(5-6):672-681.

Hooper D, Coughlan J, Mullen M, 2008. Structural equation modelling:Guidelines for determining model fit [J]. Electronic Journal on Business

Research Methods, 6(1):53-60.

Hopwood A, 1972. An empirical study of the role of accounting data in performance evaluation[J]. Journal of Accounting Research, 10:156-182.

Howells J, 1999. Research and technology outsourcing[J]. Technology Analysis & Strategic Management, 11(1):17-29.

Hsuan J, 1999. Impacts of supplier-buyer relationships on modularization in new product development[J]. European Journal of Purchasing & Supply Management, 5(3-4):197-209.

Hsuan J, Mahnke V, 2011. Outsourcing R&D: A review, model, and research agenda[J]. R&D Management, 41(1):1-7.

Huang Y A, Chung H J, Lin C, 2009. R&D sourcing strategies: Determinants and consequences[J]. Technovation, 29(3):155-169.

Huikkola T, Kohtamäki M, Ylimäki J, 2022. Becoming a smart solution provider: Reconfiguring a product manufacturer's strategic capabilities and processes to facilitate business model innovation[J]. Technovation, 118: 102498.

Hult G T M, 1998. Managing the International Strategic Sourcing Process as a Market-Driven Organizational Learning System[J]. Decision Sciences, 29 (1):193-216.

Humphreys P, Cadden T, Wen-Li L, et al., 2011. An investigation into supplier development activities and their influence on performance in the Chinese electronics industry[J]. Production Planning and Control,22(2):137-156.

Huo B, He H, Tian M, 2023. Conflict management strategies and their relationships with exchange performance in supply chains[J]. International Journal of Physical Distribution & Logistics Management, 53(10):1217-1239.

Huo B, Liu C, Kang M, et al., 2015. The impact of dependence and relationship commitment on logistics outsourcing: Empirical evidence from Greater China [J]. International Journal of Physical Distribution & Logistics Management, 45(9/10):887-912.

Jacobides M G, Cennamo C, Gawer A, 2018. Towards a theory of ecosystems [J]. Strategic Management Journal, 39(8):2255-2276.

Jacobides M G, MacDuffie J P, Tae C J, 2016. Agency, structure, and the dominance of OEMs: Change and stability in the automotive sector [J]. Strategic Management Journal, 37(9):1942-1967.

Jacobs M, Vickery S K, Droge C, 2007. The effects of product modularity on competitive performance: Do integration strategies mediate the relationship? [J]. International Journal of Operations & Production Management, 27(10):1046-1068.

James R, Dianne P, Rebecca L, 1998. Organizational controls and safety: The varieties of rule-related behavior [J]. Journal of Occupational and Organizational Psychology, 71:289.

Jarratt D, Fayed R, 2001. The impact of market and organisational challenges on marketing strategy decision-making: A qualitative investigation of the business-to-business sector [J]. Journal of Business Research, 51(1):61-72.

Jaussaud J, Schaaper J, 2006. Control mechanisms of their subsidiaries by multinational firms: A multidimensional perspective [J]. Journal of International Management, 12(1):23-45.

Jaworski B, 1988. Toward a theory of marketing control: Environmental context, control types, and consequences [J]. The Journal of Marketing, 52(3):23-39.

Jaworski B, Stathakopoulos V, Krishnan H, 1993. Control combinations in marketing: Conceptual framework and empirical evidence [J]. The Journal of Marketing, 57(1):57-69.

Jehn K A, 1995. A multimethod examination of the benefits and detriments of intragroup conflict[J]. Administrative Science Quarterly, 40(2):256-282.

Jiang B, Belohlav J A, Young S T, 2007. Outsourcing impact on manufacturing firms' value: Evidence from Japan[J]. Journal of Operations Management, 25(4):885-900.

Jiang B, Frazier G V, Prater E L, 2006. Outsourcing effects on firms? Operational performance [J]. International Journal of Operations & Production Management, 26(12):1280-1300.

Jiang B, Qureshi A, 2006. Research on outsourcing results: Current literature and future opportunities[J]. Management Decision, 44(1):44-55.

John M J, 1998. Introduction: Critical perspectives on organizational control [J]. Administrative Science Quarterly, 43(2):235.

Johnsen T, Phillips W, Caldwell N, et al., 2006. Centrality of customer and supplier interaction in innovation [J]. Journal of Business Research, 59 (6):671-678.

Jørgensen B, Messner M, 2009. Management control in new product development: The dynamics of managing flexibility and efficiency [J]. Journal of Management Accounting Research, 21(1):99-124.

Joshi A W, 2009. Continuous supplier performance improvement: Effects of collaborative communication and control [J]. Journal of Marketing, 73 (1):133-150.

Kakabadse A, Kakabadse N, 2005. Outsourcing: Current and future trends[J]. Thunderbird International Business Review, 47(2):183-204.

Kam B H, Chen L, Wilding R, 2011. Managing production outsourcing risks in China's apparel industry: A case study of two apparel retailers[J]. Supply Chain Management: An International Journal, 16(6):428-445.

Kamuriwo D S, Baden-Fuller C, 2016. Knowledge integration using product R&D outsourcing in biotechnology [J]. Research policy, 45 (5) : 1031-1045.

Kang M, Um K H, 2023. Combining internal quality-oriented product design with external supplier involvement for enhancing operational performance: The moderating role of product modularity[J]. Journal of Manufacturing Technology Management, 34(2):337-358.

Kang M, Wu X, Hong P, 2009. Strategic outsourcing practices of multi-national corporations(MNCs) in China[J]. Strategic Outsourcing: An International Journal, 2(3):240-256.

Kang M, Wu X, Hong P, et al., 2014. The role of organizational control in outsourcing practices: An empirical study[J]. Journal of Purchasing and Supply Management, 20(3):177-185.

Kang M, Wu X, Hong P, et al., 2012a. Aligning organizational control practices with competitive outsourcing performance[J]. Journal of Business Research, 65(8):1195-1201.

Kang M, Wu X, Park K, 2012b. Effective organisational control for sourcing risk: From the perspective of small companies in China[J]. International Journal of Procurement Management, 5(4):486-501.

Kannan V R, Tan K C, 2002. Supplier selection and assessment: Their impact on business performance[J]. The Journal of Supply Chain Management, 38(3):11-21.

Kaufmann L, Carter C R, Buhrmann C, 2012. The impact of individual debiasing efforts on financial decision effectiveness in the supplier selection process[J]. International Journal of Physical Distribution & Logistics Management, 42(5):411-433.

Kenyon G N, Meixell M J, Westfall P H, 2016. Production outsourcing and operational performance: An empirical study using secondary data[J]. International Journal of Production Economics, 171:336-349.

Khraishi A, Paulraj A, Huq F, et al., 2023. Knowledge management in offshoring innovation by SMEs: Role of internal knowledge creation capability, absorptive capacity and formal knowledge-sharing routines [J]. Supply Chain Management: An International Journal, 28(2):405-422.

Kim J, 1984. Effect of behavior plus outcome goal setting and feedback on employee satisfaction and performance [J]. Academy of Management Journal,27(1):139-149.

King W R, Torkzadeh G, 2008. Information systems offshoring: Research status and issues[J]. Information Systems Management, 32(2):205-225.

Kirkbride P S, Tang S F Y, Westwood R I, 1991. Chinese conflict preferences and negotiating behaviour: Cultural and psychological influences [J]. Organization Studies, 12(3):365-386.

Kirsch L, Sambamurthy V, Ko D G, et al., 2002. Controlling information systems development projects: The view from the client[J]. Management Science, 48(4):484-498.

Knight L, Tu Y H, Preston J, 2014. Integrating skills profiling and purchasing portfolio management: An opportunity for building purchasing capability [J]. International Journal of Production Economics, 147:271-283.

Korucuk S, Aytekin A, Karamaşa Ç, 2022. An analysis for outsourcing based risks and problems in logistics enterprises[J]. Journal of Process Management and New Technologies, 10(3-4):106-120.

Koste L L, Malhotra M K, Sharma S, 2004. Measuring dimensions of manufacturing flexibility[J]. Journal of Operations Management, 22(2):171-196.

Kotabe M, Mol M J, Murray J Y, 2008. Outsourcing, performance, and the role of e-commerce: A dynamic perspective [J]. Industrial Marketing Management, 37(1):37-45.

Kotabe M, Murray J Y, 2004. Global sourcing strategy and sustainable competitive advantage[J]. Industrial Marketing Management, 33(1):7-14.

Kotabe M, Murray J, Javalgi R, 1998. Global sourcing of services and market performance: An empirical investigation [J]. Journal of International

Marketing, 6(4):10-31.

Kotabe M, Omura G S, 1989. Sourcing strategies of European and Japanese multinationals: A comparison[J]. Journal of International Business Studies, 20(1):113-130.

Koufteros X A, Edwin Cheng T C, Lai K H, 2007. "Black-box" and "gray-box" supplier integration in product development: Antecedents, consequences and the moderating role of firm size[J]. Journal of Operations Management, 25(4):847-870.

Krafft M, 1999. An empirical investigation of the antecedents of sales force control systems[J]. The Journal of Marketing, 63(3):120-134.

Kraljic P, 1983. Purchasing must become supply management[J]. Harvard Business Review, 61(5):109-117.

Krause D R, Ellram L M, 1997. Critical elements of supplier development:The buying-firm perspective[J]. European Journal of Purchasing & Supply Management, 3(1):21-31.

Krause D R, Handfield R B, Scannell T V, 1998. An empirical investigation of supplier development: Reactive and strategic processes[J]. Journal of Operations Management, 17:39-58.

Krause D R, Handfield R B, Tyler B B, 2007. The relationships between supplier development,commitment,social capital accumulation and performance improvement[J]. Journal of Operations Management,25(2):528-545.

Krause D R, Scannell T V, 2002. Supplier development practices:Product and service based industry comparisons[J]. The Journal of Supply Chain Management, Spring:13-21.

Kremic T, Tukel O I, Rom W O, 2006. Outsourcing decision support: A survey of benefits, risks, and decision factors[J]. Supply Chain Management: An International Journal, 11(6):467-482.

Kristal M M, Huang X, Roth A V, 2010. The effect of an ambidextrous supply chain strategy on combinative competitive capabilities and business performance[J]. Journal of Operations Management, 28(5):415-429.

Lacity M, Willcocks L, Rottman J, 2008. Global outsourcing of back office services: Lessons, trends, and enduring challenges[J]. Strategic Outsourcing: An International Journal, 1(1):13-34.

Lacity M C, Khan S A, Willcocks L P, 2009. A review of the IT outsourcing literature: Insights for practice[J]. The Journal of Strategic Information Systems, 18(3):130-146.

Lacity M C, Willcocks L P, Feeny D F, 1995. IT outsourcing: Maximize flexibility and Control[J]. Harvard Business Review, 73(3):84-93.

Lahiri S, Karna A, Kalubandi SC, et al., 2022. Performance implications of outsourcing: A meta-analysis [J]. Journal of Business Research, 139: 1303-1316.

Lai F, Tian Y, Huo B, 2011. Relational governance and opportunism in logistics outsourcing relationships: Empirical evidence from China [J]. International Journal of Production Research, 50(9):2501-2514.

Langfield-Smith K, Smith D, 2003. Management control systems and trust in outsourcing relationships[J]. Management Accounting Research, 14(3): 281-307.

Langlois R N, 1990. Creating external capabilities: Innovation and vertical disintegration in the microcomputer industry[J]. Business and Economic History, 19(1):93-102.

Lankford W M, Parsa F, 1999. Outsourcing a primer[J]. Management Decision, 37(4):310-316.

Lau A K, Yam R C, Tang E P, et al., 2010. Factors influencing the relationship between product modularity and supply chain integration[J]. International Journal of Operations Production Management, 30(9):951-977.

Lau K, Zhang J, 2006. Drivers and obstacles of outsourcing practices in

China [J]. International Journal of Physical Distribution & Logistics Management, 36(10):776-792.

Lawler E J, Ford R S, Blegen M A, 1988. Coercive capability in conflict: A test of bilateral deterrence versus conflict spiral theory[J]. Social Psychology Quarterly, 51(2):93-107.

Lee C, Yeung Y C, Hong Z, 2012. An integrated framework for outsourcing risk management[J]. Industrial Management & Data Systems, 112(4): 541-558.

Lee D Y, Dawes P L, 2005. Guanxi, trust, and long-term orientation in Chinese business markets[J]. Journal of International Marketing, 13(2): 28-56.

Lee G, Shin G C, Haney M H, et al., 2017. The impact of formal control and guanxi on task conflict in outsourcing relationships in China[J]. Industrial Marketing Management, 62:128-136.

Lee G, Shin G C, Hwang D W, et al., 2018. How manufacturers' long-term orientation toward suppliers influences outsourcing performance [J]. Industrial Marketing Management, 74:288-297.

Lee J N, 2001. The impact of knowledge sharing, organizational capability and partnership quality on IS outsourcing success[J]. Information & Management, 38(5):323-335.

Lee J N, Huynh M Q, Chi-Wai K R, et al., 2000. The evolution of outsourcing research: What is the next issue? [C]. Proceedings of the 33rd Annual Hawaii International Conference on System Sciences. IEEE: 10.

Lee L S, Zhong W, 2021. Guanxi orientation, value creation and value capture in buyer-supplier relationships: A dyadic perspective[J]. Chinese Management Studies, 15(1):44-67.

Lee P K C, Humphreys P K, 2007. The role of Guanxi in supply management practices [J]. International Journal of Production Economics, 106(2):

450-467.

Lehtiranta L, 2011. Relational risk management in construction projects: Modeling the complexity [J]. Leadership & Management in Engineering, 11(2):141-154.

Leiblein M J, Reuer J J, Dalsace F, 2002. Do make or buy decisions matter? The influence of organizational governance on technological performance [J]. Strategic Management Journal, 23(9):817-833.

Leifer R, Mills P K, 1996. An information processing approach for deciding upon control strategies and reducing control loss in emerging organizations [J]. Journal of Management, 22(1):113-137.

Leroy S, 2009. Why is it so hard to do my work? The challenge of attention residue when switching between work tasks [J]. Organizational Behavior and Human Decision Processes, 109(2):168-181.

Leung T K P, Chan R Y K, Lai K H, et al., 2011. An examination of the influence of guanxi and xinyong (utilization of personal trust) on negotiation outcome in China: An old friend approach [J]. Industrial Marketing Management, 40(7):1193-1205.

Leung T K P, Chan R Y K, 2003. Face, favour and positioning——A Chinese power game[J]. European Journal of Marketing, 37(11/12):1575-1598.

Levy D L, 1995. International sourcing and supply chain stability [J]. Journal of International Business Studies, 26(2):343-360.

Lewin A Y, Couto V, Hamilton B A, 2007. Next generation offshoring:The globalization of innovation[R]. Duke University Center for International Business Education and Research.

Li J, Poppo L, Zhou K, 2010a. Relational mechanisms, formal contracts, and local knowledge acquisition by international subsidiaries [J]. Strategic Management Journal, 31(4):349-370.

Li S, Lee G, Hong P, et al., 2017. Managing dependency in China outsourcing relationships[J]. Production Planning & Control, 28(6-8):489-499.

Li Y, Liu Y, Li M, et al., 2008. Transformational offshore outsourcing:Empirical evidence from alliances in China[J]. Journal of Operations Management, 26(2):257-274.

Li Y, Xie E, Teo H H, et al., 2010b. Formal control and social control in domestic and international buyer-supplier relationships[J]. Journal of Operations Management, 28(4):333-344.

Liao Y, Hong P, Rao S S, 2010. Supply management, supply flexibility and performance outocmes:An empirical investigation of manufacturing firms [J]. Journal of Supply Chain Management, 46(3):6-22.

Lilliecreutz J, Ydreskog L, 1999. Supplier classification as an enabler for a differentiated purchasing strategy [J]. Global Purchasing and Supply Chain Management, 11:66-74.

Linder J C, 2004a. Outsourcing as a strategy for driving transformation [J]. Strategy & Leadership, 32(6):26-31.

Linder J C, 2004b. Transformational outsourcing[J]. MIT Sloan Management Review, 45(2):52-58.

Linder J C, Cole M I, Jacobson A L, 2002. Business transformation through outsourcing[J]. Strategy & Leadership, 30(4):23-28.

Linder J C, Jarvenpaa S, Davenport T H, 2003. Toward an innovation sourcing strategy[J]. MIT Sloan Management Review, 44(4):43-50.

Littler D, Leverick F, 1995. Joint ventures for product development:learning from experience[J]. Long Range Planning, 28(3):5-67.

Liu Y, Li Y, Tao L, et al., 2008. Relationship stability, trust and relational risk in marketing channels:Evidence from China[J]. Industrial Marketing Management, 37(4):432-446.

Liu Y, Li Y, Zhang L, 2010. Control mechanisms across a buyer-supplier relationship quality matrix[J]. Journal of Business Research, 63(1):3-12.

Liu Y, Luo Y, Liu T, 2009. Governing buyer-supplier relationships through transactional and relational mechanisms: Evidence from China[J]. Journal of Operations Management, 27(4):294-309.

Liu Y, Wang D D, Xu Q, 2020. A supply chain coordination mechanism with suppliers' effort performance level and fairness concern[J]. Journal of Retailing and Consumer Services, 53:101950.

Lonsdale C, 1999. Effectively managing vertical supply relationships: A risk management model for outsourcing[J]. Supply Chain Management: An International Journal, 4(4):176-183.

Lopez T, McMillan-Capehart A, 2009. Elements of salesperson control: An organization theory perspective[J]. Journal of Business & Industrial Marketing, 24(2):98-107.

Lu R X A, Lee P K C, Cheng T C E, 2012. Socially responsible supplier development: Construct development and measurement validation [J]. International Journal of Production Economics, 140(1):160-167.

Lui S S, Ngo H Y, 2004. The role of trust and contractual safeguards on cooperation in non-equity alliances[J]. Journal of Management, 30(4):471-485.

Luo Y, 2001. Determinants of local responsiveness: Perspectives from foreign subsidiaries in an emerging market [J]. Journal of Management, 27(4):451.

Luo Y, 2002. Contract, cooperation, and performance in international joint ventures[J]. Strategic Management Journal, 23(10):903-919.

Luo Y, Shenkar O, Nyaw M, 2001. A dual parent perspective on control and performance in international joint ventures: Lessons from a developing economy[J]. Journal of International Business Studies, 32(1):41-58.

Lusch R F, 1976a. Channel conflict: Its impact on retailer operating performance[J]. Journal of Retailing, 52(2):3-12.

Lusch R F, 1976b. Sources of power: Their impact on intrachannel conflict[J].

Journal of Marketing Research, 13(4):382-390.

Luukkainen L, Kähkönen A K, 2023. Developing the application model for the Kraljic's purchasing portfolio [J]. International Journal of Procurement Management, 16(2):177-195.

Ma Z, 2007. Chinese conflict management styles and negotiation behaviours: An empirical test[J]. International Journal of Cross Cultural Management, 7(1):101-119.

Ma Z, Jaeger A M, 2010. A comparative study of the influence of assertiveness on negotiation outcomes in Canada and China[J]. Cross Cultural Management: An International Journal, 17(4):333-346.

Mageto J, Prinsloo G, Luke R, 2020. Determinants of logistics outsourcing performance among small and medium enterprises [J]. International Journal of Logistics Systems and Management, 35(4):541-565.

Magnusson M, Pasche M, 2014. A contingency-based approach to the use of product platforms and modules in new product development[J]. Journal of Product Innovation Management, 31(3):434-450.

Makhija M, Ganesh U, 1997. The relationship between control and partner learning in learning-related joint ventures [J]. Organization Science, 8(5):508-527.

Malek S L, Sarin S, Jaworski B J, 2022. A measurement model of the dimensions and types of informal organizational control: An empirical test in a B2B sales context[J]. International Journal of Research in Marketing, 39(2):415-442.

Malhotra M K, Mackelprang A W, 2012. Are internal manufacturing and external supply chain flexibilities complementary capabilities? [J]. Journal of Operations Management, 30(3):180-200.

Mallen B, 1963. A theory of retailer-supplier conflict, control, and cooperation [J]. Journal of Retailing, 39(2):24-32.

Malone T W, Yates J, Benjamin R I, 1987. Electronic markets and electronic hierarchies[J]. Communications of ACM, 30(6):484-497.

Mao J Y, Lee J N, Deng C P, 2008. Vendors' perspectives on trust and control in offshore information systems outsourcing [J]. Information & Management, 45(7):482-492.

March J, Simon H, 1958. Organizations[M]. New York:Wiley.

Marjit S, Mukherjee A, 2008. International outsourcing and R&D: Long-run implications for consumers[J]. Review of International Economics,16(5): 1010-1022.

Maskell P, Pedersen T, Petersen B, et al., 2007. Learning paths to offshore outsourcing: From cost reduction to knowledge seeking [J]. Industry and Innovation, 14(3):239.

Matook S, Lasch R, Tamaschke R, 2009. Supplier development with benchmarking as part of a comprehensive supplier risk management framework [J]. International Journal of Operations & Production Management, 29 (3):241-267.

Mazzawi E, 2002. Transformational outsourcing[J]. Business Strategy Review, 13:39-43.

McCarter M W, Northcraft G B, 2007. Happy together? [J]. Journal of Operations Management, 25(2):498-511.

Menor L J, Kristal M M, Rosenzweig E D, 2007. Examining the influence of operational intellectual capital on capabilities and performance[J]. Manufacturing & Service Operations Management, 9(4):559-578.

Merchant K, 1982. The control function of management[J]. Sloan Management Review, 23(4):43-55.

Merschmann U, Thonemann U W, 2011. Supply chain flexibility, uncertainty and firm performance: An empirical analysis of German manufacturing firms[J]. International Journal of Production Economics,130(1):43-53.

Mertens K G, Rennpferdt C, Greve E, et al., 2023. Reviewing the intellectual structure of product modularization: Toward a common view and future research agenda[J]. Journal of Product Innovation Management, 40(1): 86-119.

Mikkola J H, 2003. Modularity, component outsourcing, and inter-firm learning[J]. R&D Management, 33(4):439-454.

Millson M R, Wilemon D, 2010. The impact of changing markets and competition on the NPD speed/market success relationship [J]. International Journal of Innovation Management, 14(5):841-870.

Modi S B, Mabert V A, 2007. Supplier development:Improving supplier performance through knowledge transfer[J]. Journal of Operations Management, 25(1):42-64.

Mohr J, Fisher R, Nevin J, 1996. Collaborative communication in interfirm relationships: Moderating effects of integration and control[J]. The Journal of Marketing, 60(3):103-115.

Monczka R M, Markham W J, Blascovich J D, et al., 2005. Outsourcing strategically for sustainable competitive advantage [M]. CAPS Research, Tempe, Arizona.

Morgan N A, Kaleka A, Gooner R A, 2007. Focal supplier opportunism in supermarket retailer category management [J]. Journal of Operations Management, 25(2):512-527.

Mouzas S, 2006. Efficiency versus effectiveness in business networks[J]. Journal of Business Research, 59(10-11):1124-1132.

Mu J, Peng G, MacLachlan D L, 2009. Effect of risk management strategy on NPD performance[J]. Technovation, 29(3):170-180.

Mukherjee A, Ray A, 2007. Strategic outsourcing and R&D in a vertical structure[J]. The Manchester School, 75(3):297-310.

Nagati H, Rebolledo C, 2013. Supplier development efforts: The suppliers' point of view[J]. Industrial Marketing Management, 42(2):180-188.

Nandakumar M K, Ghobadian A, O'Regan N, 2010. Business-level strategy and performance: The moderating effects of environment and structure[J]. Management Decision, 48(6):907-939.

Narasimhan R, Narayanan S, Srinivasan R, 2010. Explicating the mediating role of integrative supply management practices in strategic outsourcing: A case study analysis[J]. International Journal of Production Research, 48 (2):379-404.

Nauta A, Sanders K, 2000. Interdepartmental negotiation behavior in manufacturing organizations[J]. International Journal of Conflict Management, 11 (2):135-161.

Ning Y, Zwikael O, 2024. Effective combinations of control strategies in interorganizational projects [J]. IEEE Transactions on Engineering Management, 71:3062-3075.

Nooteboom B, 1996. Trust, opportunism and governance: A process and control model[J]. Studies, 17(6):985-1010.

Nunnally J C, 1978. Psychometric theory[M]. New York: McGraw-Hill Education.

Ogunranti G A, Ceryan O, Banerjee A, 2021. Buyer-supplier currency exchange rate flexibility contracts in global supply chains[J]. European Journal of Operational Research, 288(2):420-435.

O'Regan N, Kling G, 2011. Technology outsourcing in manufacturing small- and medium-sized firms: Another competitive resource?[J]. R&D Management, 41(1):92-105.

Oke A, Onwuegbuzie H, 2013. Outsourcing, subcontracting-in and radical innovativeness [J]. Journal of Manufacturing Technology Management, 24 (4):511-535.

Olsen K B, 2006. Productivity impacts of offshoring and outsourcing: A review

[J]. STI WP, 1:1-33.

Ouchi W G, 1978. The transmission of control through organizational hierarchy [J]. Academy of Management Journal, 21(2):173-192.

Ouchi W G, 1979. A conceptual framework for the design of organizational control mechanisms[J]. Management Science, 25(9):833-848.

Ouchi W G, Maguire M A, 1975. Organizational control:Two functions[J]. Administrative Science Quarterly,20(4): 559-569.

Pagell M, Wu Z, Wasserman M E, 2010. Thinking differently about purchasing portfolios:An assessment of sustainable sourcing[J]. Journal of Supply Chain Management, 46(1):57-73.

Paju T, 2007. Conceptual model of R&D offshore outsourcing[J]. Journal of Global Business and Technology, 3(1):49-61.

Palmatier R W, Dant R P, Grewal D, et al., 2006. Factors influencing the effectiveness of relationship marketing:A meta-analysis[J]. Journal of Marketing, 70(4):136-153.

Parente R C, Baack D W, Hahn E D, 2011. The effect of supply chain integration, modular production, and cultural distance on new product development:A dynamic capabilities approach[J]. Journal of International Management, 17(4):278-290.

Park S H, Luo Y, 2001. Guanxi and organizational dynamics:Organizational networking in Chinese firms[J]. Strategic Management Journal, 22(5): 455-477.

Parmigiani A, Mitchell W, 2009. Complementarity, capabilities, and the boundaries of the firm:The impact of within-firm and inter-firm expertise on concurrent sourcing of complementary components[J]. Strategic Management Journal, 30(10):1065-1091.

Patil K, Garg V, Gabaldon J, et al., 2024. Firm performance in digitally integrated supply chains:A combined perspective of transaction cost economics and relational exchange theory [J]. Journal of Enterprise Information Management, 27(2):381-413.

Patrucco A, Frattini F, Di Benedetto A, 2021. Characteristics of supplier performance measurement systems in collaborative innovation projects: The role of the purchasing department [J]. Supply Chain Management: An International Journal, 27(2):207-231.

Pawar K, Rogers H, 2013. Contextualising the holistic cost of uncertainty in outsourcing manufacturing supply chains [J]. Production Planning & Control, 24(7):607-620.

Pazirandeh A, Norrman A, 2014. An interrelation model of power and purchasing strategies: A study of vaccine purchase for developing countries [J]. Journal of Purchasing and Supply Management, 20(1):41-53.

Pearson V, Stephan W G, 1998. Preferences for styles of negotiation: A comparison of Brazil and the US[J]. International Journal of Intercultural Relations, 22(1):67-83.

Peter B, Sanjeev J, Yukika A, 2008. Building strategic partnerships for managing innovation outsourcing [J]. Strategic Outsourcing: An International Journal, 2(1):100-121.

Peter C. Young J H, 2003. Risk and the outsourcing of risk management services: The case of claims management [J]. Public Budgeting & Finance, 23(3):109-119.

Phillips, Lynn W, 1981. Assessing measurement error in key informant reports: A methodological note on organizational analysis in marketing [J]. Journal of Marketing Research, 18(4):395-415.

Pianese T, Errichiello L, da Cunha J V, 2023. Organizational control in the context of remote working: A synthesis of empirical findings and a research agenda[J]. European Management Review, 20(2):326-345.

Pil F K, Cohen S K, 2006. Modularity: Implications for imitation, innovation, and sustained advantage [J]. Academy of Management Review, 31 (4) : 995-1011.

Piran F A S, Lacerda D P, Camargo L F R, et al., 2020. Effects of product modularity on productivity: An analysis using data envelopment analysis and Malmquist index[J]. Research in Engineering Design, 31:143-156.

Pisano G P, 1990. The R&D boundaries of the firm: An empirical analysis[J]. Administrative Science Quarterly, 35(1):153-176.

Podsakoff P M, MacKenzie S B, Lee J Y, et al., 2003. Common method biases in behavioral research: A critical review of the literature and recommended remedies[J]. Journal of Applied Psychology, 88(5):879-903.

Podsakoff P M, Organ D W, 1986. Self-reports in organizational research: Problems and prospects[J]. Journal of Management, 12(4):531-544.

Poppo L, Zenger T, 1998. Testing alternative theories of the firm: Transaction cost, knowledge-based, and measurement explanations for make-or-buy decisions in information services [J]. Strategic Management Journal, 19 (9):853-877.

Poppo L, Zenger T, 2002. Do formal contracts and relational governance function as substitutes or complements?[J]. Strategic Management Journal, 23 (8):707-725.

Power M, Desouza K, Bonifazi C, 2006. The outsourcing handbook: How to implement a successful outsourcing process[M]. London: Kogan Page.

Prahinski C, Benton W C, 2004. Supplier evaluations: Communication strategies to improve supplier performance [J]. Journal of Operations Management, 22(1):39-62.

Prajogo D, Chowdhury M, Yeung A C L, et al., 2012. The relationship between supplier management and firm's operational performance: A multidimensional perspective [J]. International Journal of Production Economics, 136(1):123-130.

Preacher K J, Hayes A F, 2008. Asymptotic and resampling strategies for assessing and comparing indirect effects in multiple mediator models [J]. Behavior Research Methods, 40(3):879-891.

Pushpananthan G, Elmquist M, 2022. Joining forces to create value: The emergence of an innovation ecosystem[J]. Technovation, 115:102453.

Qian L, Wang Y, Yang P, 2020. Do control mechanisms always promote collaborative performance: The role of formal institutions and business ties[J]. Journal of Business & Industrial Marketing, 35(11):1871-1886.

Quinn J B, 1992. Intelligent enterprise: A knowledge and service based paradigm for Industr[M]. New York:Simon and Schuster.

Quinn J B, 1999. Strategic outsourcing:Leveraging knowledge capabilities[J]. Sloan Management Review, 40(4):9-21.

Quinn J B, 2000. Outsourcing innovation:The new engine of growth[J]. Sloan Management Review, 41(4):13-28.

Quinn J B, Hillmer F G, 1995. Strategic outsourcing[J]. The McKinsey Quarterly,(1):43-55.

Rahimnia F, Hassanzadeh J F, 2013. The impact of website content dimension and e-trust on e-marketing effectiveness: The case of Iranian commercial saffron corporations[J]. Information & Management, 50(5):240-247.

Ramaswami S N, 1996. Marketing controls and dysfunctional employee behaviors: A test of traditional and contingency theory postulates[J]. The Journal of Marketing, 60(2):105-120.

Ray S, Ray P K, 2011. Product innovation for the people's car in an emerging economy[J]. Technovation, 31(5-6):216-227.

Rebernik M, Bradac B, 2006. Cooperation and opportunistic behaviour in transformational outsourcing[J]. Kybernetes, 35(7):1005-1013.

Ren S J F, Ngai E, Cho V, 2010. Examining the determinants of outsourcing partnership quality in Chinese small- and medium-sized enterprises [J].

International Journal of Production Research, 48(2):453-475.

Resende C H L, Lima-Junior F R, Carpinetti L C R, 2023. Decision-making models for formulating and evaluating supplier development programs: A state-of-the-art review and research paths [J]. Transportation Research Part E:Logistics and Transportation Review, 180:103340.

Rosenberg L J, Stern L W, 1971. Conflict measurement in the distribution channel[J]. Journal of Marketing Research, 8(4):437-442.

Roth AV, 1996. Achieving strategic agility through economies of knowledge [J]. Planning Review, 24(2):30-36.

Rothaermel F, Hitt M, Jobe L, 2006. Balancing vertical integration and strategic outsourcing: Effects on product portfolio, product success, and firm performance[J]. Strategic Management Journal, 27(11):1033-1056.

Roy V, Aubert B A, 2001. A Resource-based analysis of outsourcing: Evidence from case studies[J]. Cahier du GReSI, 1(6):1-32.

Ryu S, Arslan H, Aydin N, 2007. The effect of interfirm dependence structures on governance mechanisms [J]. Journal of Purchasing and Supply Management, 13(1):17-25.

Sahay B, 2003. Understanding trust in supply chain relationships[J]. Industrial Management & Data Systems, 103(8):553-563.

Sako M, 1992. Price, quality and trust:Inter-firm relations in Britain and Japan [M]. Cambridge: Cambridge University Press.

Salminen R, 2001. Success factors of a reference visit—A single case study [J]. Journal of Business & Industrial Marketing, 16(6):487-507.

Salvador F, Villena V H, 2013. Supplier integration and NPD outcomes:Conditional moderation effects of modular design competence [J]. Journal of Supply Chain Management, 49(1):87-113.

Sancha C, Longoni A, Giménez C, 2015. Sustainable supplier development practices:Drivers and enablers in a global context[J]. Journal of Purchasing and Supply Management, 21(2):95-102.

Sanchez R, 1996. Strategic product creation: Managing new interactions of technology, markets, and organizations[J]. European Management Journal, 14(2):121-138.

Sanchez R, Mahoney J T, 1996. Modularity, flexibility, and knowledge management in product and organization design[J]. Strategic Management Journal, 17(S2):63-76.

Saputro T E, Figueira G, Almada-Lobo B, 2022. A comprehensive framework and literature review of supplier selection under different purchasing strategies[J]. Computers & Industrial Engineering, 167:108010.

Scherrer-Rathje M, Deflorin P, Anand G, 2014. Manufacturing flexibility through outsourcing: Effects of contingencies[J]. International Journal of Operations & Production Management, 34(9):1210-1242.

Schiele H, 2006. How to distinguish innovative suppliers? Identifying innovative suppliers as a new task for purchasing[J]. Industrial Marketing Management, 35(8):925-935.

Schilling M A, 2000. Toward a general modular systems theory and its application to interfirm product modularity[J]. Academy of Management Review, 25(2):312-334.

Sen S, Kotlarsky J, Budhwar P, 2020. Extending organizational boundaries through outsourcing: Toward a dynamic risk-management capability framework[J]. Academy of Management Perspectives, 34(1):97-113.

Sen S, Savitskie K, Mahto R V, et al., 2023. Strategic flexibility in small firms[J]. Journal of Strategic Marketing, 31(5):1053-1070.

Sertan K, Sungmin R, 2007. The protection of the trustor through the use of control mechanisms and its performance implications[J]. The Journal of Business & Industrial Marketing, 22(4):260.

Shahzad K, Ali T, Kohtamäki M, et al., 2020. Enabling roles of relationship governance mechanisms in the choice of inter-firm conflict resolution strategies[J]. Journal of Business & Industrial Marketing, 35(6):957-969.

Shamsuzzoha A, Helo P, 2017. Development of sustainable platform for modular product family:A case study[J]. Production Planning & Control, 28(6-8):512-523.

Shamsuzzoha A, Piya S, Al-Kindi M, et al., 2018. Metrics of product modularity: Lessons learned from case companies [J]. Journal of Modelling in Management, 13(2):331-350.

Shi X, Wright P C, 2003. The potential impacts of national feelings on international business negotiations:A study in the China context[J]. International Business Review, 12(3):311-328.

Shivendu S, Zeng D, Gurbaxani V, 2020. Optimal asset transfer in its outsourcing contracts[J]. MIS Quarterly, 44(2):857-906.

Shou Z, Guo R, Zhang Q, et al., 2011. The many faces of trust and guanxi behavior:Evidence from marketing channels in China[J]. Industrial Marketing Management, 40(4):503-509.

Sia S K, Koh C, Tan C X, 2008. Strategic maneuvers for outsourcing flexibility:An empirical assessment[J]. Decision Sciences, 39(3):407-443.

Siew Kien S, Boon Siong N, 1997. Reengineering effectiveness and the redesign of organizational control:A case study of the inland revenue authority of Singapore[J]. Journal of Management Information Systems, 14(1):69.

Skowronski K, Benton Jr W, Hill J A, 2020. Perceived supplier opportunism in outsourcing relationships in emerging economies [J]. Journal of Operations Management, 66(7-8):989-1023.

Smeltzer L R, Manship J A, Rossetti C L, 2003. An analysis of the integration of strategic sourcing and negotiation planning[J]. Journal of Supply Chain Management, 39(4):16-25.

Smith A, 1937. Wealth of nations[M]. New York:Modem Libray.

Smith P G, Reinertsen D G, 1998. Developing products in half the time: New rules, new tools[M]. New York: Van Nostrand Reinhold.

Stäblein T, Holweg M, Miemczyk J, 2011. Theoretical versus actual product variety: how much customisation do customers really demand?[J]. International Journal of Operations & Production Management, 31(3):350-370.

Su C, Littlefield J E, 2001. Entering guanxi: A business ethical dilemma in Mainland China?[J]. Journal of Business Ethics, 33(3):199-210.

Sun J, Tekleab A, Cheung M, et al., 2023. The contingent roles of market turbulence and organizational innovativeness on the relationships among interfirm trust, formal contracts, interfirm knowledge sharing and firm performance[J]. Journal of Knowledge Management, 27(5):1436-1457.

Swink M, Talluri S, Pandejpong T, 2006. Faster, better, cheaper: A study of NPD project efficiency and performance tradeoffs [J]. Journal of Operations Management, 24(5):542-562.

Tan C, Sia S K, 2006. Managing flexibility in outsourcing[J]. Journal of the Association for Information Systems, 7(4):179-205.

Tangpong C, Ro Y K, 2009. The role of agent negotiation behaviors in buyer-supplier relationships[J]. Journal of Managerial Issues, 21(1):58-79.

Tapon F, Thong M, 1999. Research collaborations by multi-national research oriented pharmaceutical firms: 1988—1997 [J]. R&D Management, 29(3):219-231.

Tellis W, 1997. Introduction to case study[J]. The Qualitative Report, 3(2):1-11.

Tetteh M O, Chan A P, Nani G, et al., 2023. Impacts of management control mechanisms on the performance of international construction joint ventures: An empirical study[J]. Engineering, Construction and Architectural Management, 30(6):2280-2303.

Thaler R, Shefrin H, 1981. An economic theory of self-control[J]. The Journal of Political Economy, 89(2):392-406.

Thomas K W, 1992. Conflict and conflict management: Reflections and update [J]. Journal of Organizational Behavior, 13(3):265-274.

Thompson J, 1967. Organizations in action New York[J]. New York: McGraw-Hill.

Tibor K, Oya Icmeli T, Walter O R, 2006. Outsourcing decision support: A survey of benefits, risks, and decision factors[J]. Supply Chain Management: An International Journal, 11(6):467-482.

Tiwana A, 2008. Does interfirm modularity complement ignorance? A field study of software outsourcing alliances[J]. Strategic Management Journal, 29(11):1241-1252.

Tiwana A, Keil M, 2007. Does peripheral knowledge complement control? An empirical test in technology outsourcing alliances [J]. Strategic Management Journal, 28(6):623-634.

Toms S, Wilson N, Wright M, 2020. Innovation, intermediation, and the nature of entrepreneurship: A historical perspective [J]. Strategic Entrepreneurship Journal, 14(1):105-121.

Trent R J, Zacharia Z G, 2012. The wisdom of becoming a preferred customer [J]. Supply Chain Management Review, 16(6):10-18.

Turner K, Makhija M, 2006. The role of organizational controls in managing knowledge[J]. Academy of Management Review, 31(1):197-217.

Ulijn J, Rutkowski A F, Kumar R, et al., 2005. Patterns of feelings in face-to-face negotiation: A Sino - Dutch pilot study [J]. Cross Cultural Management: An International Journal, 12(3):103-118.

Ulrich K, 1995. The role of product architecture in the manufacturing firm[J]. Research policy, 24(3):419-440.

Ulrich K, Tung K, 1991. Fundamentals of product modularity issues in design/manufacture integration[M]. New York: ASME.

Um J, Han N, 2021. Understanding the relationships between global supply chain risk and supply chain resilience: The role of mitigating strategies[J]. Supply Chain Management: An International Journal, 26(2): 240-255.

Um J, Lyons A, Lam H K, et al., 2017. Product variety management and supply chain performance: A capability perspective on their relationships and competitiveness implications [J]. International Journal of Production Economics, 187: 15-26.

Verwaal E, Commandeur H, Verbeke W, 2009. Value creation and value claiming in strategic outsourcing decisions: A resource contingency perspective[J]. Journal of Management, 35(2): 420-444.

Viswanathan M, Mukherji P, Narasimhan O, et al., 2021. The performance impact of core-component outsourcing: Insights from the LCD TV industry [J]. Journal of Marketing Research, 58(4): 801-826.

Wall JA, Callister R R, 1995. Conflict and its management[J]. Journal of Management, 21(3): 515-558.

Wang Y, Jia T, Chen J, et al., 2022. Does supplier involvement enhance financial performance? The encapsulation effects of product modularity and smartness [J]. Supply Chain Management: An International Journal, 27 (2): 144-161.

Wang Y, Liu Y, Canel C, 2018. Process coordination, project attributes and project performance in offshore-outsourced service projects [J]. International Journal of Project Management, 36(7): 980-991.

Weber M, Parsons T, 1997. The theory of social and economic organization [M]. New York: Free Press.

Wee H M, Peng S Y, Wee P K P, 2010. Modelling of outsourcing decisions in global supply chains. An empirical study on supplier management performance with different outsourcing strategies [J]. International Journal of Production Research, 48(7): 2081-2094.

Weigelt C, 2009. The impact of outsourcing new technologies on integrative capabilities and performance [J]. Strategic Management Journal, 30 (6) : 595-616.

Weigelt C, Sarkar M, 2012. Performance implications of outsourcing for technological innovations: Managing the efficiency and adaptability trade-off [J]. Strategic Management Journal, 33(2):189-216.

Welbourne T M, Pardo-del-Val M, 2009. Relational capital: Strategic advantage for small and medium-size enterprises (SMEs) through negotiation and collaboration[J]. Group Decision and Negotiation, 18(5):483-497.

Westphal P, Sohal A S, 2013. Taxonomy of outsourcing decision models [J]. Production Planning & Control, 24(4-5):347-358.

Wiegel W, Bamford D, 2015. The role of guanxi in buyer-supplier relationships in Chinese small- and medium-sized enterprises—A resource-based perspective[J]. Production Planning & Control, 26(4):308-327.

Wilkinson I, 1981. Power, Conflict, and satisfaction in distribution channels— An empirical study [J]. International Journal of Physical Distribution & Materials Management, 11(7):20-30.

Williamson O E, 1979. Transaction-cost economics : The governance of contractual relations[J]. Journal of Law and Economics, 22(2):233-261.

Williamson O E, 1991. Comparative economic organization: The analysis of discrete structural alternatives [J]. Administrative Science Quarterly, 36 (2):269-296.

Williamson O E, 1985. The economic institutions of capitalism[M]. New York: Free Press.

Williamson O E, 2008b. Outsourcing: Transaction cost economics and supply chain management [J]. Journal of Supply Chain Management, 44 (2) : 5-16.

Wong M, 2007. Guanxi and its role in business[J]. Chinese Management Studies, 1(4):257-276.

Woo H S, Prud'homme C, 1999. Cultural characteristics prevalent in the Chinese negotiation process[J]. European Business Review, 99(5):313-322.

Woodside A, Wilson E, 2003. Case study research methods for theory building [J]. Journal of Business & Industrial Marketing, 18(6-7):493-508.

Wu D, Wu X B, Zhou H J, 2012. International expansion and firm performance in emerging market:Evidence from China[J]. Chinese Management Studies, 6(3):509-528.

Wu L, Park D, 2009. Dynamic outsourcing through process modularization[J]. Business Process Management Journal, 15(2):225-244.

Xin K K, Pearce J L, 1996. Guanxi:Connections as substitutes for formal institutional support[J]. Academy of Management Journal, 39(6):1641-1658.

Xue J, Lu S, Shi B, et al., 2018. Trust, guanxi, and cooperation:A study on partner opportunism in Chinese joint-venture manufacturing[J]. Journal of Business & Industrial Marketing, 33(1):95-106.

Yamaguchi S, Nitta R, Hara Y, et al., 2021. Who explores further? Evidence on R&D outsourcing from the survey of research and development [J]. R&D Management, 51(1):114-126.

Yan A, Gray B, 1994. Bargaining power, management control, and performance in United States-China joint ventures: A comparative case study [J]. The Academy of Management Journal, 37(6):1478-1517.

Yang F, Shinkle G A, Goudsmit M, 2022. The efficacy of organizational control interactions:External environmental uncertainty as a critical contingency[J]. Journal of Business Research, 139:855-868.

Yang M G M, Roh J J, Kang M, 2020. The role of strategic environmental orientation in environmental design practices[J]. Management Decision, 59 (2):341-357.

Yang Z, Zhou C, Jiang L, 2011. When do formal control and trust matter? A context-based analysis of the effects on marketing channel relationships in China[J]. Industrial Marketing Management, 40(1):86-96.

Ye Y, Huo B, Zhang M, et al., 2018. The impact of modular designs on new product development outcomes: The moderating effect of supply chain involvement [J]. Supply Chain Management: An International Journal, 23 (5):444-458.

Yeh C P, 2021. Social control or bureaucratic control? The effects of the control mechanisms on the subsidiary performance[J]. Asia Pacific Management Review, 26(2):67-77.

Yi L, Lei T, Yuan L, et al., 2008. The impact of a distributor's trust in a supplier and use of control mechanisms on relational value creation in marketing channels[J]. The Journal of Business & Industrial Marketing, 23(1): 12-22.

Yin R K, 2003a. Case study research: Design and methods[M](3rd ed.). Thousand Oaks: Sage Publications.

Yin R K, 2003b. Applications of Case Study Research [M]. Thousand Oaks: Sage Publications.

Yin R K, 2009. Case Study Research: Design and Methods[M](4th ed.). London: SAGE.

Yuan Y, Chu Z, Lai F, et al., 2020. The impact of transaction attributes on logistics outsourcing success: A moderated mediation model[J]. International Journal of Production Economics, 219:54-65.

Zait A, Bertea P, 2011. Methods for testing discriminant validity[J]. Management & Marketing, 9(2):217-224.

Zhai Q, Lindorff M, Cooper B, 2013. Workplace guanxi: Its dispositional antecedents and mediating role in the affectivity-job satisfaction relationship [J]. Journal of Business Ethics, 117(3):541-551.

Zhang M, Zhao X, Qi Y, 2014. The effects of organizational flatness, coordination, and product modularity on mass customization capability[J]. International Journal of Production Economics, 158:145-155.

Zhao D, Gu F F, Wang L, 2022. The impact of contractual governance on forms of opportunism[J]. Industrial Marketing Management, 102:89-103.

Zhao J J, 2000. The Chinese approach to international business negotiation[J]. Journal of Business Communication, 37(3):209-236.

Zhou K Z, Zhang Q, Sheng S, et al., 2014. Are relational ties always good for knowledge acquisition? Buyer-supplier exchanges in China[J]. Journal of Operations Management, 32(3):88-98.

Zhou S, Mosca L, Whyte J, 2023. How the reliability of external competences shapes the modularization strategies of industrialized construction firms [J]. Construction Management and Economics, 41(7):608-619.

10 附　录

附录一　案例研究访谈提纲

本访谈的核心内容是企业外包战略中的动机、组织控制、外包绩效和具体操作过程中的细节。

（1）企业的经营决策描述

①请描述你目前的工作职位和主要责任。

②贵司母公司在哪国？主要生产哪些产品？

③贵司何时开始在中国营办子公司？

④贵司在中国投资的主要原因是什么（如成本优势、购买元部件、渗透中国市场等）？

（2）外包战略

①贵司是否有战略外包的正式企划案和考评程序？选择供应商的主要考核依据是什么？

②贵司目前外包的业务主要分布在哪方面（如研发业务、市场业务、分销业务、售后服务、采购业务、制造业务、信息技术、财务部门、人力资源等）？

③贵司采取外包的主要目标是什么（寻求效率或寻求创新）？

（3）外包具体操作

①贵司是否对该外包业务有详细的了解？是否知道实施外包的具体操作细节？

②哪些是贵司成功外包的关键因素？

③哪些是外包的主要风险？贵司如何规避这些风险？

④贵司如何根据内部管理、产品周期和技术等变化重新考核调整外包措施？是否有详细的例子可供参考？

（4）组织控制

①贵司施行外包的过程中，是否投入大量的时间和精力确保供应商按照预定程序和标准化的工作描述等执行？实施这些管理措施产生了哪些结果？

②能否介绍贵司使用了哪些控制手段以确保外包绩效（如规定明确的目标、关于外包业务的详细描述、明晰的奖惩机制等）？实施这些控制产生了哪些结果？如何纠正外包中的失误或者如何处理外包中不尽如人意的局面？

③贵司通过哪些方式向供应商灌输共享的企业价值、信念和目标？贵司相关员工尤其是管理人员会采取哪些社会互动和沟通措施，从而鞭策供应商和提高其忠诚度？

（5）外包结果

①贵司是否对外包效果有正规的衡量标准？如果有，请详述（如财务绩效、产品质量、核心能力建设、产品投递灵活度等）。贵司如何衡量这些外包细节的绩效？

②贵司是否通过外包达到了外包环节成本降低，或者整体运营成本降低、现金流改善、投资效率提高或者利润率增加等效果？

③贵司是否通过外包进一步巩固了主打产品的优势、增加了运营的灵活性、缩短了产品周期和扩大了竞争优势等？

附录二　调查问卷

外包战略研究问卷调查

尊敬的女士/先生：

您好！

非常感谢您接受我们的调查！本问卷纯属学术研究目的，内容不会涉及贵公司的商业机密问题，所获信息也不会对他人公开。答案没有对与错，若有某个问题未能完全表达您的意见时，请在最接近您看法的答案上做出标记。烦请您花几分钟填写问卷，您的回答对我们的研究将有极大的帮助，非常感谢您的支持！

第一部分　基本信息

1.企业员工总数：_____人。

2.企业（总部）所在：_____。

3.企业成立时间（若为外资企业，在华成立时间）：_____。

4.企业产权性质（　　）。

　　A.外商合资　　B.外商独资　　C.国有　　D.民营　　F.其他

5.企业所处的主要行业（　　）。

A.电子及通信设备制造　　B.软件　　C.生物医药　　D.化工

E.新材料　　F.机械　　G.纺织　　H.其他

6.企业近两年销售总额平均约为（　　）元。

　　A.低于500万　　B.500万～3000万　　C.3000万～3亿

　　D.超过3亿

7.您目前工作的岗位：_____，职务：_____。

8.贵公司进行的外包业务中，您最熟悉的外包业务是（　　）。

A.生产外包　　B.研发外包　　C.信息系统外包　　D.其他

●下面的题项都涉及您最熟悉的外包业务。若外包业务与多家供应商合作，您可以考虑其中一家最重要的供应商。

第二部分　外包战略（动机）

以下题项中1～7的分值表示从非常不同意向非常同意过渡，请在相应的框内做标记（1表示非常不同意，2表示不同意，3表示有些不同意，4表示基本相等，5表示有些同意，6表示同意，7表示非常同意）。

贵公司进行的外包中 您最熟悉的外包业务的主要动机	非常不同意→非常同意						
	1	2	3	4	5	6	7
1.重视成本的削减							
2.重视从供应商的规模经济中获取效率							
3.利用供应商的劳动力成本优势							
4.利用供应商在重复性业务上的专业设备和人员							
5.非常重视从供应商处获取学习机会或创新能力							
6.非常重视从供应商获取新产品和新技术							
7.非常重视通过外包来缩短新产品开发的时间							
8.利用供应商的专业人才（如设计或研发工程师）							

第三部分　组织控制

对您最熟悉的外包业务贵公司进行的控制活动	非常不同意→非常同意						
	1	2	3	4	5	6	7
9.对供应商制定明确的外包业务整体目标							
10.跟供应商明确外包业务的详细指标							
11.严格评价外包业务的结果							
12.根据外包结果的评价,对供应商进行相应的惩罚或奖励措施(比如,对优秀的供应商增加订单量等)							
13.严格要求供应商按照业务程序(或标准)进行外包业务							
14.严格要求供应商报告外包业务进行情况							
15.明确制定外包业务的工作描述							
16.积极地监督和跟踪供应商按计划进行外包业务情况							
17.与供应商积极共享公司的目标或发展计划							
18.与供应商积极互动(包括非正式的沟通)							
19.为供应商提供培训或讲座							
20.我们非常重视与供应商保持好的关系							

第四部分　外包绩效评价

对您最熟悉的外包业务的满意度	非常不同意→非常同意						
	1	2	3	4	5	6	7
21.成本的降低							
22.现金流的改善							
23.交货及时性							
24.良好的产品或服务质量							
25.提高组织的灵活性(柔性)							
26.更集中于内部核心能力							
27.竞争力的提高							
28.生产率的提高							
29.更灵活地满足客户的需求							

第五部分　有关外包业务的知识

对您最熟悉的外包业务，贵公司拥有的知识程度	非常不同意→非常同意						
	1	2	3	4	5	6	7
30.我们熟悉有关外包业务的详细指标							
31.我们熟悉有关外包业务的整个进行过程							
32.外包过程中发生问题的时候,我们通常知道问题的原因							
33.外包过程中,我们知道监控供应商的关键因素							
34.我们对外包有充分的经验							

第六部分　对供应商的信任

有关您最熟悉的外包业务，您对供应商的信任	非常不同意→非常同意						
	1	2	3	4	5	6	7
35.供应商拥有充分的能力和资源完成任务							
36.供应商拥有良好的履约声誉							
37.供应商是值得我们信赖的							